La Rév. Mère Marie de la Croix

Assistante générale des Oblates de l'Assomption

Directrice des Ouvrières de la Bonne Presse

1854 - 1919

*Non diligamus verbo, neque lingua, sed opere
et veritate. (I. Joan. III, 18.)*

N'aimons point de parole, ni de langage,
mais par les œuvres et en vérité.
(I. Jean, III, 18.)

PARIS

5, rue Bayard, 5

HISTOIRE

Sœur Jeanne-Emmanuel, Oblate de l'Assomption (1874-1916). — In-18, 310 pages. Prix, **2 fr. 50**; port, **0 fr. 30**.

Le P. Vincent de Paul Bailly, Augustin de l'Assomption, fondateur de la *Croix* et directeur de la Maison de la Bonne Presse (1832-1912), par E. LACOSTE. — Un vol in-8° de 184 pages à deux colonnes, très abondante illustration. Broché, 3 francs; port, **0 fr. 45**. 20° mille.

Le R. P. Etienne Pernet, Augustin de l'Assomption, fondateur des Petites-Sœurs de l'Assomption, gardes-malades des pauvres à domicile. Prix, **7 francs**; port, **0 fr. 60**.

Première retraite du Pèlerinage à Lourdes, par le P. EMMANUEL BAILLY, A. A., directeur de l'Association de Notre-Dame de Salut. Instructions et conférences (1915). — In-12, 210 pages. Prix, **1 fr. 50**; port, **0 fr. 45**.

Deuxième retraite du Pèlerinage National à Lourdes. Instructions et conférences (1916), par le P. EMMANUEL BAILLY. — In-12, 400 pages. Prix, **3 francs**; port, **0 fr. 60**.

Le Pèlerinage National à Lourdes : Jubilé des Apparitions, par Louis GUÉRIN. — In-18, 320 pages. 12° mille. Broché, 1 fr. **50**; port, **0 fr. 45**.

Le dernier pèlerinage de l' « Etoile » en Terre Sainte, par E. BÉDAOUJ. — In-8°, 2 col., 96 pages, 110 illustrations. Prix, **3 francs**; port, **0 fr. 45**.

Le Pèlerinage de Terre-Sainte. Conférence pour une série de vues de projections. Prix, **0 fr. 50**; port, **0 fr. 05**.

Les Catholiques et la Presse, par PAUL FERON-VRAU. Précédé d'une préface de Pierre l'Ermite. — In-12 de 64 pages. 115° mille. Prix, **0 fr. 50**; port, **0 fr. 15**.

Les Congrès eucharistiques internationaux, par Louis GUÉRIN, 128 pages, 139 gravures. Prix, **3 francs**; port, **0 fr. 45**. Relié, **6 francs**; port, **0 fr. 60**.

LA RÉV. MÈRE MARIE DE LA CROIX

Assistante générale des Oblates de l'Assomption

Supérieure des Ateliers de la Bonne Presse

Mère Marie de la Croix l'année de sa profession.

La Rév. Mère Marie de la Croix

Assistante générale des Oblates de l'Assomption

Directrice des Ouvrières de la Bonne Presse

1854 ~ 1919

Non diligamus verbo, neque lingua, sed opere et veritate. (I Jean, III, 18.)

N'aimons point de parole, ni de langage, mais par les œuvres et en vérité. (I Jean, III, 18.)

PARIS

5, rue Bayard, 5

Nihil obstat.

Parisiis, die 7ª junii 1923.

J. ANDRÉ.

IMPRIMATUR

Parisiis, die 8ª junii 1923.

J. LAPALME,
vic. gen.

CHAPITRE PREMIER

Enfance et adolescence

La maison de la Bonne Presse a subi en octobre 1919 une perte inappréciable en la personne de la R. Mère Marie de la Croix, qui en fut la supérieure pendant trente ans.

Les regrets qu'elle y a laissés, l'édification constante qu'elle y a donnée, le bien qu'elle y a fait, ont inspiré à tous ceux qui l'ont connue le désir qu'une notice fût consacrée à la mémoire d'une vie si saintement remplie. Le modeste travail qu'on va lire a essayé de répondre à ce but, mais il n'a pas la prétention d'offrir au lecteur une véritable biographie. D'une part, notre information n'est pas encore complète; d'autre part, les faits sont encore trop près de nous pour que tout puisse être dit.

La parole de l'Ecriture, disant que les seules actions du juste le peuvent louer, se vérifie, certes, en Mère Marie de la Croix, dont la vie n'est tissue que de bien fait aux autres. Rien de plus simple en apparence qu'un tel exposé, mais encore est-il qu'on voudrait pouvoir illustrer par des documents intimes, des lettres surtout, les manifestations extérieures de cette âme choisie.

Malheureusement, ce genre de références, sans nous faire absolument défaut, nous apporte peu de lumière. Sans doute, Mère Marie de la Croix, en raison des charges qu'elle a remplies et de ses nombreuses relations dans les œuvres, a forcément beaucoup écrit, mais ses lettres ne la révèlent que peu ou point. On y retrouve bien toujours cet esprit de foi, qui met au premier plan la préoccupation surnaturelle, on y reconnaît son intelligence clairvoyante, précise, judicieuse et pratique, qui va droit au but, dit tout le nécessaire et rien que cela. Elle a toujours le terme propre, l'expression nette et lucide. Ses appréciations sont d'une impeccable exactitude. Mais elle ne se livre pas et ne parle à peu près jamais d'elle. Sa plume ne nous fait guère connaître ses souffrances ni ses joies. Nous n'atteignons à ses sentiments que par des déductions.

Le caractère de sa tendresse pour Dieu et le prochain était, non pas de s'exprimer par des paroles, mais de se prouver par des actes. Aussi, elle ne la chanta ni ne l'épancha pas dans des lettres délicieuses d'abandon, comme quelques saintes âmes poètes, et artistes à la fois ; mais elle la vécut, et c'est là un poème qui a bien sa valeur. Ces quelques pages le rediront, quoique bien faiblement, à ceux qui, l'ayant vu vivre, trouveront dans la mémoire du cœur de quoi le compléter ; mais elles seront impuissantes à mettre la physionomie de Mère Marie de la Croix dans un relief suffisamment révélateur pour ceux qui n'ont pas eu l'avantage de la connaître.

L'entrée en religion de Mlle Jouet, dans sa trente-troisième année, partage exactement sa vie en deux périodes égales dont la première nous est malheureusement peu connue. Il eût été bien intéressant, pourtant, de surprendre les premières révélations d'une nature si bien équilibrée, d'assister au développement d'une intelligence devenue si complète, et surtout de suivre pas à pas l'éveil d'une telle âme aux choses de Dieu. L'histoire d'une vocation, et plus encore d'une vocation de choix, a toujours quelque chose de passionnant pour quiconque est épris d'idéal. Mais les témoins les mieux informés sur l'enfance et la jeunesse de Mlle Jouet ont disparu. Son père et sa mère ne sont plus ; ses deux amies intimes l'ont précédée dans la tombe, ainsi que les prêtres de Narbonne qui dirigèrent ses premiers pas dans la piété, et le P. Picard, qui reçut la confidence de ses projets d'avenir. Son unique frère, plus jeune qu'elle de neuf ans, quittait la maison paternelle pour le Petit Séminaire de Carcassonne, au moment où son témoignage commencerait à nous intéresser. On voudra donc bien nous excuser si, malgré nos efforts et nos recherches, nous sommes d'une brièveté regrettable sur la première moitié d'une si belle vie.

Mlle Rose-Henri Jouet naquit à Narbonne le 12 février 1854, d'une famille aussi honorable que profondément chrétienne. Que l'on regarde du côté paternel ou maternel, on retrouve les mèmes traditions de loyauté, d'amour du devoir, de vertu et de dignité chrétiennes.

Son père, Thomas Jouet, le second des trois enfants de Jean Jouet et de Marie-Rose Payré, était dans toute la force du terme un homme de bien. Une lettre de Rose, qu'on lira plus loin, en apporte le filial témoignage. Au moment de son mariage en 1853, il habitait, avec sa sœur Rose et son frère aîné Pierre, dans la plus touchante union fraternelle, la petite maison familiale de la rue du Capitole. D'abord négociant très estimé dans le commerce des chapeaux, il abandonna plus tard cette profession pour s'occuper d'exploitation rurale et spécialement de viticulture.

Mlle Claire Bissière, à laquelle il unit sa destinée, joignait à toutes les qualités d'une femme d'intérieur une instruction sérieuse, beaucoup d'intelligence et de finesse, avec un jugement solide et une grande piété. C'était réellement une valeur. Sa mère, Rose-Marie Boyer, étant morte prématurément, et son père, Joseph Bissière, l'ayant suivie de près, un conseil de famille nomma, comme tuteur de la jeune orpheline, le Dr Baubil, de Narbonne, qui la confia à son oncle maternel, l'abbé François Boyer.

L'histoire de la vocation de ce digne prêtre n'est pas banale et mérite d'être rapportée.

Après avoir fait des études sérieuses, mais sommaires, il fut mis de bonne heure dans le commerce par ses parents. Il devint bientôt un tailleur de grande réputation. Ses affaires très florissantes ne l'absorbaient pourtant qu'en apparence. Des soucis intimes d'un ordre plus élevé le hantaient encore davantage, car il trouva le moyen de perfectionner seul ses études, et à l'âge de vingt-huit ans, il entrait au Grand Séminaire de Carcassonne. Ordonné prêtre le 15 avril 1843, il fut, après quelques mois de vicariat, nommé curé de Tournissan, puis de Bages. Son entrée tardive dans les ordres ne l'empêcha pas de devenir un saint prêtre, très apprécié de tous. Mgr Dubillard l'avait en particulière estime et aimait à venir se reposer chez lui de ses tournées de confirmation.

L'oncle François avait l'hospitalité très large et recevait volontiers. Son aménité et son savoir faisaient rechercher sa société et lui attiraient de nombreux amis. A l'époque où Claire Bissière habitait chez lui, il crut remarquer la trop grande assiduité auprès d'elle d'un jeune châtelain des environs, et, effrayé de sa responsabilité, sans que rien motivât sa frayeur, il renvoya la jeune fille chez son tuteur qui habitait rue Hoche, à Narbonne, où elle demeura jusqu'à son mariage.

Mlle Bissière avait largement profité, pendant toute sa jeunesse — et il y parut toujours, — du contact des deux esprits très cultivés qu'étaient son tuteur médecin et son oncle l'abbé.

Ce fut ce dernier qui bénit, le 1er février 1853, le mariage de sa nièce, en l'église Saint-Paul Serge, paroisse où elle était domiciliée.

Le jeune ménage habita d'abord avec l'oncle et la tante Jouet dans la petite maison familiale de la rue du Capitole.

C'est là que vint au monde Rose, qui fut baptisée dix jours après sa naissance en l'église Saint-Sébastien. Elle fut tenue sur les fonts baptismaux par son grand-oncle, Jacques Boyer, frère de l'abbé François, et par sa tante, Rose Jouet, sœur de son père, qui devait occuper une si grande place dans sa vie, aussi bien par la tendresse dont elle l'entoura que par les saints exemples qu'elle lui offrit.

Mlle Rose Jouet-Payré a laissé, en effet, une grande réputation de vertu. C'était, au dire de chacun, et surtout des membres du clergé, une personne d'un commerce fort agréable, d'un caractère très doux, d'une simplicité charmante, d'une piété solide et toute dévouée aux œuvres. Zélée Tertiaire dominicaine et marguillière de la chapelle de la Sainte Vierge, elle initia à son apostolat sa jeune nièce qui devait la dépasser plus tard.

Ainsi le berceau de celle dont nous écrivons l'histoire nous apparaît encadré de ces deux sympathiques figures de la tante Rose et de l'oncle François, comme si Dieu eût voulu doubler de leur affection vigilante et toute surnaturelle, celle de son père et de sa mère.

Quelque temps après la naissance de Rose, M. et Mme Jouet-Bissière laissèrent à M. Pierre et à Mlle Rose Jouet la petite maison de la rue du Capitole, où ils se trouvaient trop à l'étroit, et allèrent s'installer rue du Télégraphe, à l'angle de la rue Rouget-de-l'Isle, où ils n'habitèrent que peu d'années. Bientôt ils prirent un appartement plus vaste rue Baudin, dans la maison Paloque, jadis couvent des Carmélites dont l'ancienne chapelle était devenue la paroisse Saint-

Sébastien. C'est dans cette nouvelle résidence que naquit le frère de Rose, Louis Jouet, en 1863.

Non loin de là se trouvait une excellente pension, tenue par Mlle Duval, personne d'une grande capacité professionnelle et apparentée aux meilleures familles de la ville. Par sa bonté ferme et douce, par le prestige de son savoir, sa distinction parfaite et surtout par ses sentiments profondément chrétiens, elle exerçait la plus heureuse influence sur toutes les élèves, qui n'auraient jamais voulu la contrister en quoi que ce fût, tant elle leur inspirait d'affection et d'estime. C'est là que Rose eut l'avantage de faire ses études. Elle y entra à l'âge de trois ans! et seulement comme externe. Sa jeune intelligence, ouverte de bonne heure, lui valut des succès précoces. Du reste, sa mère, très instruite elle-même, la faisait beaucoup travailler et exigeait parfois qu'elle recommençât ses devoirs. Elle se prépara là au sacrement de Confirmation qu'elle reçut le 30 avril 1866 et à sa première Communion qui eut lieu le 24 juin de la même année, en l'église Saint-Sébastien, contiguë à sa maison et paroisse de la pension.

Jusque-là, Rose, qui était à la fois très studieuse et très douée, avait tenu la tête de toutes les classes. Mais, vers 1867, arrivèrent des environs plusieurs nouvelles pensionnaires, très bonnes élèves, elles aussi, qui furent de sérieuses

rivales pour la jeune étudiante. Elle était encore
souvent la première, mais non plus toujours.
Elle en fut d'abord un peu étonnée, puis redoubla
d'ardeur, et ce fut entre les fillettes assaut d'ému-
lation. La lutte était ardente, mais loyale et
sans jalousie, et les jeunes concurrentes, toutes
profondément chrétiennes, restaient excellentes
amies. Une seule fois, paraît-il, un dissentiment
s'éleva entre Rose et ses compagnes, qui avaient
eu lieu de se plaindre d'elle, et qui, de concert,
résolurent de lui bouder. Elles ne lui firent pas
de reproches, mais ne lui parlèrent plus que
par nécessité, répondant laconiquement et avec
froideur quand elle leur adressait la parole. La
fâcherie dura deux jours au bout desquels Rose,
comprenant ses torts, les reconnut dans une
lettre adressée à toutes qu'elle glissa dans le
pupitre de l'une d'elles, et la paix fut faite pour
toujours.

On devinait déjà chez cette enfant une indomptable énergie, et le sérieux était un des traits
saillants de son caractère. Elle participait à tous
les jeux, mais au lieu d'y apporter la gaieté ordinaire aux enfants de son âge, elle gardait toujours en jouant sa même gravité. Ses compagnes
la taquinaient amicalement à ce sujet.

— T'amuses-tu, Rose? lui disaient-elles.

— Mais, beaucoup, certainement. Pourquoi
cette question?

— Parce que tu es aussi grave en jouant qu'en faisant un problème au tableau; et quand tu ris, on dirait que tu le fais simplement pour faire comme nous et nous faire plaisir.

— Mais non, protestait-elle, je ris de bon cœur, croyez-le. C'est ma manière à moi.

Ses dispositions pour la piété et son goût pour le service de Dieu se déclaraient déjà. Elle commença très jeune à s'occuper de l'ornementation de l'église avec sa tante Rose.

Au cours de religion que donnait tous les vendredis M. l'abbé Bonafous, curé de Saint-Sébastien, on remarquait qu'elle écoutait avec une attention singulière et questionnait très souvent. Elle répondait aussi aux interrogations du prêtre, parfois d'une façon tout à fait inattendue et toujours avec une justesse frappante.

Elle aimait beaucoup à lire et faisait souvent le compte rendu de ses nombreuses lectures à ses compagnes qui passaient volontiers des récréations à l'écouter.

Ses compositions, d'un style clair, châtié et très agréable, étaient souvent citées par Mlle Duval. Celle-ci d'ailleurs pouvait à bon droit se vanter de posséder dans son cours supérieur cinq ou six élèves qui constituaient une véritable élite, tant par leur intelligence et leur amour de l'étude que par leur bon esprit, leur parfaite éducation et leur piété exemplaire. L'heureuse maîtresse était fière de « ses grandes » qui lui donnaient tant de satisfaction. On devine que Rose tenait dignement sa place dans ce milieu. D'après le témoignage des contemporaines, elle révélait déjà par certains côtés une incontestable supériorité.

Presque toujours la première, dit l'une d'elles, elle en imposait par sa dignité, par son maintien, par sa façon de parler. Elle impressionnait par l'air d'autorité avec lequel elle s'exprimait. Sa taille se redressait, quand elle voulait persuader ; elle paraissait alors devenir plus grande, et ses yeux parlaient plus encore que sa bouche.

On l'aimait, mais on avait peur d'encourir sa désapprobation. Très estimée des élèves, petites et grandes, et aussi de ses maîtresses, elle remplaçait souvent ces dernières. C'était presque toujours elle qui faisait la lecture spirituelle et ainsi que la lecture profane pendant le travail manuel. Elle s'en acquittait avec une telle aisance et une telle conviction, que les plus jeunes mêmes l'écoutaient bouche bée. Elle était l'exemple vivant de la pension, et cherchait déjà à faire de l'apostolat parmi ses compagnes. Les petites qui, dans leurs jeux, aimaient à imiter les maîtresses, disaient parfois :

— Jouons à l'école. Que veux-tu être ?

— Moi, je veux être Rose Jouet.

Et aussitôt l'enfant de prendre une élève à part

et de lui faire, à l'instar de Rose, un petit sermon, puis, se redressant fière et digne, d'aller à une autre, et ainsi de suite.

Il arrivait parfois que son jeune zèle, un peu intempestif, ne trouvait pas autant d'écho qu'elle l'espérait. Un jour, Rose ayant parlé à une de ses compagnes avec beaucoup de feu de Dieu et de la vocation, l'auditrice récalcitrante déclara nettement qu'elle ne comprenait rien à tout cela, et ne voulait rien y entendre. Une seule exclamation fut la réponse :

— Oh! G..., cela se peut-il?

Mais avec un tel accent de douleur que Mlle G... après cinquante ans croyait l'entendre encore.

En effet, malgré son abord un peu froid pour qui ne la connaissait pas intimement, elle était, paraît-il, d'une chaleur communicative. On était frappé de la profondeur et de l'intensité des sentiments qu'elle exprimait.

Volcan sous-marin, disait une de ses compagnes, mais qui le soupçonnerait sous une telle apparence de froideur?

Les survivantes de la jeunesse narbonnaise de 1869 se souviennent encore d'une représentation d'*Esther* donnée à la pension pour le Mardi Gras et où Rose remplit le rôle d'Aman avec une énergie d'expression qui remporta tous les suffrages. Un magnifique costume de chasse, prêté par un jeune homme, son voisin d'habitation et ami de la famille, superbement porté par Mlle Jouet, ne contribua pas peu à son succès, disent les témoins oculaires.

La mode des examens ne sévissait pas encore à cette époque; aussi Rose, qui n'en avait nul besoin, n'en prépara-t-elle aucun, néanmoins elle continua ses études à la pension Duval jusqu'à l'âge de dix-sept ans et demi. Il paraît qu'elle n'était pas musicienne et préférait aux mathématiques les lettres, dans lesquelles elle réussissait beaucoup mieux. Son instruction, qui était déjà solide et étendue, trouva encore l'occasion de se perfectionner dans les circonstances particulières que nous allons exposer.

CHAPITRE II

Jeunesse — Vocation

Nous avons dit qu'un frère lui était né en
1863. Ce frère devait être l'une des grandes
affections de sa vie. Vu la différence d'âge qui
la séparait de lui — neuf années — et le sérieux
de son caractère, elle le considéra de suite, non
pas comme un hochet pour son amusement, mais
comme un être que Dieu lui donnait à soigner
et à protéger. Elle sembla faire avec lui l'apprentissage de sa future vie de dévouement au
bonheur d'autrui. Elle surveilla son éducation
avec sollicitude, l'encourageant, le conseillant
dans ses labeurs d'écolier, le grondant même
parfois, quand il ne répondait pas à ses fraternelles ambitions. A mesure qu'il grandissait,
Rose s'astreignait aux mêmes études que lui,
afin de les lui faciliter. Nous l'avons entendue
dire qu'elle avait appris seule le latin, pour pouvoir seconder et stimuler le jeune étudiant. Ce
dévouement devait trouver plus tard sa récompense ici-bas, lorsque Mlle Jouet, devenue Oblate,
et récitant quotidiennement l'office divin, trou-

vait une jouissance surnaturelle bien précieuse pour sa piété, à comprendre et à goûter les beautés de la sainte liturgie. Un autre avantage incontestable qu'elle retira de l'étude du latin fut d'achever la formation de son esprit déjà si profond et si judicieux et de lui donner une précoce maturité.

Mais cette culture intellectuelle, pour importante qu'elle fût, n'occupa point seule les loisirs de Rose, après sa sortie de pension. Mme Jouet mère, qui était une maîtresse femme, n'eut garde de négliger le côté pratique de l'éducation de sa fille qu'elle initia de bonne heure au gouvernement du ménage. Il en résulta que Rose, tant en raison de ses dispositions naturelles que des excellentes leçons reçues, devint une maîtresse de maison accomplie. Qu'il s'agît de couture, de lessive, de nettoyage, de cuisine, de la direction des domestiques, de l'art de recevoir, de servir, de décorer, d'apprêter pour une fête ou une réception, rien ne l'embarrassait. Elle s'entendait à tout, aussi bien pour le détail que pour l'ensemble. Ses compagnes rapportent qu'elle confectionnait elle-même ses toilettes, et qu'on avait de la peine à le croire, tant sa mise, toujours élégante et simple, était impeccable.

Vers 1866, M. Pierre Jouet, célibataire, oncle de Rose, avait vendu ses terres patrimoniales de la plaine de Coursan, du rendement desquelles il s'occupait, pour acheter, aux Ducros de Saint-Germain, le domaine de Livière basse, appelé « Cambo de Piot ». Cette superbe propriété, située à deux kilomètres de Narbonne, dans la fertile plaine de la Livière, était arrosée par les trois ruisseaux de la Mayral. Une longue et magnifique allée de platanes, avec un jardin d'agrément, y précédait une spacieuse habitation construite face au midi, sur de vastes caves pouvant contenir de sept à huit mille hectolitres de vin. Derrière la maison s'étendait un beau jardin potager. De Pâques à la Toussaint, Cambo devint dès lors, pour la famille Jouet, l'ordinaire résidence d'été. Rose l'affectionnait tout particulièrement, car elle avait un goût très vif pour la campagne. Elle prenait grand plaisir à la culture des fleurs. Elle était fière surtout de ses roses parfumées et de ses élégants glaïeuls. Elle prélevait les plus beaux pour l'ornementation de l'autel marial dont elle partageait la charge avec Mlle Jouet-Payré. Deux fois par semaine, on voyait venir à Narbonne la tante et la nièce, ployant sous le faix des lourdes gerbes qu'elles apportaient à l'église Saint-Paul.

Rose aimait aussi beaucoup les animaux qu'elle soignait comme de bons amis associés à ses innocentes distractions. Mais son favori était Fritz, le petit chien qu'elle se plaisait à dorloter et à faire obéir comme un enfant.

— Fritz est malade, lui disait-elle.

Et à ces mots, le docile animal se laissait coiffer d'un bonnet de nuit, et faisait mine de dormir dans un lit où elle l'installait avec une impérieuse tendresse. Ce fameux Fritz faillit une fois lui jouer un bien vilain tour, alors que, devenue jeune fille, elle s'occupait déjà des œuvres de Narbonne. Pendant un été, en juillet sans doute, il la mordit à la main en jouant. D'abord, elle n'y prit pas garde ; mais elle apprit le lendemain que la pauvre bête avait été mordue, un peu avant, par un chien enragé. Elle éloigna l'animal devenu dangereux, mais, de crainte d'effrayer les siens, elle ne voulut pas leur avouer le danger qui la menaçait. Elle eut alors recours à un terrible moyen curatif qui dénote une énergie peu commune. Elle cautérisa la morsure avec un tison rougi au feu, puis se soigna, aux yeux de ses parents, comme si elle se fût brûlée par accident. On était aux approches du Pèlerinage de Lourdes : elle prépara tout pour le départ, afin que personne ne fût embarrassé et que rien ne périclitât dans le cas où elle serait atteinte du terrible mal avant cette époque. Elle avait pris sans rien dire toutes les précautions en vue de sa fin prochainement possible.

Heureusement le temps de la période d'incubation s'écoula sans amener chez elle rien d'inquiétant, soit que la cautérisation l'eût guérie, soit que la morsure de son chien eût encore été inoffensive. Elle put conduire comme de coutume le Pèlerinage et elle épargna ainsi à ses parents de cruelles angoisses.

L'année qui avait suivi l'acquisition de « Cambo de Piot », la famille Jouet avait quitté la maison Paloque pour habiter la Place des Infidèles, sur la paroisse Saint-Paul, où elle demeura un certain nombre d'années. C'est là que Rose avait grandi et que s'était écoulée la première partie de sa jeunesse.

C'est également là que son père tomba **gravement** malade vers 1872. Une douloureuse affection de la vessie, avec de terribles complications, le mit aux portes du tombeau.

Ses souffrances étaient si atroces et si continuelles, qu'on entendait ses cris des maisons avoisinantes. Un aussi pénible état demandait des soins intimes, délicats et de tous les instants. Ce fut Rose qui, de jour et de nuit, se constitua l'humble infirmière de son père, avec une constance qui fit l'admiration de tous. On la citait en ville comme un modèle de dévouement et d'amour filial. Les amis du malade étaient vivement impressionnés de la conduite de Rose, et tous s'accordaient à dire qu'il fallait qu'elle fût exceptionnellement douée au point de vue de la vertu, de la sensibilité et du jugement, pour assumer une tâche qui n'est pas ordinairement du ressort d'une jeune fille et pour s'en acquitter avec tant de perfection.

Mlle Jouet n'en était pas, d'ailleurs, à ses débuts. Toujours elle avait eu un goût prononcé pour le soin des malades, et très tôt, après sa sortie de pension, elle avait offert ses services aux Sœurs de Charité de l'hospice où elle passait une partie de ses journées.

Un peu plus tard, nous la verrons s'occuper maternellement des malades pèlerins de Lourdes, et, dans sa vie religieuse, elle se donnera toujours avec prédilection, dans la mesure permise par l'obéissance, aux membres souffrants de Jésus Crucifié.

Bien que le séjour estival de la famille Jouet fût habituellement « Cambo », Rose allait pourtant volontiers, avec sa mère, passer quelques jours dans le riant presbytère de Bages, chez le bon oncle François qui aimait tendrement sa petite nièce dont il était justement fier.

Celle-ci, d'ailleurs, le lui rendait bien. C'était pour elle un vrai régal que la conversation si élevée, si substantielle de ce saint homme, dont l'humeur active, entreprenante, large et libérale, avait plus d'un rapport avec la sienne. Il avait acheté une vaste maison pour y établir des religieuses destinées à la garde et à l'instruction des enfants. Rose s'intéressa toujours beaucoup au développement de cette œuvre qui fut très prospère jusqu'au moment des expulsions (1).

La maison des Jouet était la sienne, comme la sienne était la leur, tant était grande l'affection réciproque.

Vers 1874, la petite maison patrimoniale de la rue du Capitole où Rose était née fut vendue au comte de Beauchâtre qui y établit un Carmel (2).

L'oncle Pierre et la tante Rose achetèrent alors la maison plus vaste de la rue Parerie où les parents de Rose vinrent les rejoindre après avoir quitté la place des Infidèles.

L'abbé François Boyer dota la nouvelle demeure familiale d'une grande partie de son mobilier et voulut y avoir sa chambre. Plus tard, lorsqu'il fut devenu aveugle de la cataracte, il y vint habiter avec les Jouet. C'est là qu'il devait célébrer ses noces d'or le 13 avril 1893. Ainsi toute la famille se trouvait là réunie au complet. M. Pierre Jouet y mourut bientôt. La tante Rose lui survécut jusqu'en 1889. L'oncle François s'y éteignit en 1896.

Dans cette hospitalière maison, l'accueil était large et libéral, mais on ne voyait guère qu'un nombre restreint d'intimes. L'abbé François

____

(1) La maison en question a été donnée depuis quelques années par la famille Jouet au curé actuel de Bages pour y faire le patronage des enfants.

(2) Actuellement fermé.

y amenait ses relations choisies. Son grand ami, M. l'abbé Carré, nommé par Mgr Billard supérieur du Petit Séminaire de Narbonne, y logea en attendant son installation. Il fut toujours très lié avec la famille Jouet et avait pour Rose une affection particulière.

Une année où il était malade, il lui fit dire qu'il mangerait avec plaisir quelques grains de raisin. Rose, qui était alors à Cambo, lui en envoya aussitôt un panier, mais comme on n'était qu'au 15 août, les grains manquaient un peu de maturité. Elle accompagna son envoi d'un mot très aimable, disant « que d'autres pourraient en offrir de plus beaux, mais personne avec plus de cœur, et que cette assurance donnerait aux susdits raisins le pouvoir de le guérir bien vite ».

M. Carré avait conservé cette lettre et se plaisait à la lire à ses amis comme un modèle de délicatesse et d'affection.

En dehors de Cambo et des séjours à Bages, il y avait un autre plaisir d'été que Rose appréciait fort : c'était les bains de mer. Chaque année, les Jouet allaient avec les B..., leurs voisins, passer quelques jours à la Franquie, petite plage très tranquille, abritée par une énorme falaise et située à 20 kilomètres de Narbonne. Les quelques familles venues en ce lieu se trouvaient réunies dans le seul établissement de cette plage. Forcément, une grande intimité régnait entre les baigneurs. Il y avait là plusieurs jeunes gens et jeunes filles qui passaient ensemble les soirées dans d'honnêtes amusements. On faisait de la musique et l'on sautait volontiers un peu. Un de ces messieurs, très apprécié de toute cette jeunesse pour sa parfaite éducation et ses manières distinguées, était le boute-en-train des réunions. Un soir, il fit faux-bond à la société. Il était parti avec les autres jeunes gens pour aller danser à la fête de Leucate, petit village à 3 kilomètres de là, pendant que les jeunes filles faisaient tapisserie dans le salon. Toutes furent très mortifiées, et Rose la première. Elle avait alors quinze ans. Le lendemain, quand M. X... entra dans le salon, elle lui dit publiquement, d'un ton très vexé et très mordant, qu'elle ne comprenait pas qu'il eût dédaigné une société choisie, pour aller s'amuser avec des inconnues. Le jeune homme ressentit vivement ce reproche, mais, trop courtois pour se défendre, il ne répondit pas.

Ce petit trait nous montre la nature de Rose, prise sur le vif. Il fait assez deviner ce que la grâce eut à faire pour subjuguer et assouplir une âme aussi fière.

En effet, les témoignages contemporains de la première jeunesse de Mère Marie de la Croix nous disent que, malgré ses éminentes qualités et un dévouement exceptionnel, elle était fort autoritaire. Ses décisions, entrevues sur-le-champ par un esprit très clair, étaient portées du premier coup, et irrévocablement. Quand elle voulait une chose, elle y arrivait toujours. Rien ne lui faisait peur. Son humeur ardente, intrépide, entreprenante, était séduite par la difficulté, excitée par le danger. Parfois, elle se risquait en montagne avec son frère dans les ascensions périlleuses, d'où son bon ange et son sang-froid la tiraient, mais dont elle ne se vantait pas souvent au retour, de peur que ses parents ne lui défendissent la récidive.

Il ne fallut pas moins que la grande piété de Rose pour tempérer ce qu'il y avait de trop indépendant dans son initiative, d'un peu hautain dans sa dignité et de trop absolu dans son commandement.

Mais Dieu, s'emparant totalement de cette riche nature, lui fit produire son maximum de rendement, aussi bien au point de vue humain qu'au point de vue surnaturel. Il ne resta de sa hauteur qu'une aimable et noble dignité; de sa ténacité, qu'une constance à toute épreuve; de son audace, qu'une incomparable énergie; de son absolutisme, qu'une netteté décisive dans le commandement.

Mlle Jouet, d'après l'ensemble des renseignements recueillis (1), nous apparaît à vingt ans, comme une jeune fille accomplie, pourvue des dons les plus séduisants et les plus sérieux. De manières très distinguées, et aussi fort jolie personne, sa beauté brune, très expressive, d'un type un peu espagnol, impressionnait au premier aspect. Une éducation très complète, où l'agréable et l'utile s'harmonisaient parfaitement, mettait en un merveilleux relief ses qualités exceptionnelles d'esprit et de cœur. Ce fut alors, dans le plein épanouissement de sa jeunesse et de sa beauté, qu'elle inspira une grande et noble passion à un jeune homme d'une des premières familles de Narbonne, et d'une situation de fortune très supérieure à la sienne. Il la fit demander en mariage. D'un physique agréable et très distingué, de grande taille avec une superbe santé, d'une culture émi-nente — il était licencié, — d'une conduite irré-prochable, occupant dans la ville une situation

- - - - - - - -

(1) Citons ici, en patois, le témoignage de deux bonnes vieilles Narbonnaises qui l'ont connue et admirée.

La première : « Ero uno santo : abio un port de reïno. C'était une sainte : elle avait un port de reine. »

La seconde : « Ero pas fiero, mais quand marchabo et qué réfléchissio, agachabo pas digus. Mais quand boulio faïre uno reprimando marchabo a m'el cap en laïre, semblabo un chabal dé luxé. Elle n'était pas fière, mais en marchant, quand elle réfléchissait, elle ne regardait personne, mais quand elle était contrariée ou voulait faire une observation, elle marchait en redressant la tête, elle ressemblait à un cheval de luxe. »

très en vue, il semblait avoir pour lui toutes les chances de succès. Mais Rose, interrogée par ses parents, refusa catégoriquement.

Et comme on lui représentait le brillant parti et les qualités hors pair du jeune homme, elle donna comme raison de son refus « qu'elle ne pourrait jamais l'aimer ». Tout porte à croire qu'elle avait déjà de plus hautes prétentions et que Jésus était dès lors l'élu de son cœur.

On voit d'ailleurs que les préoccupations surnaturelles deviennent chez elle dominantes.

Sa piété, qui avait toujours été profonde et solide, allait se développant. Le bon abbé Souleyrac (1), son confesseur, ami intime et souvent commensal de la famille Jouet, disait de Rose qu'il n'avait jamais connu une jeune fille aussi parfaite et aussi sainte.

En dehors du temps qu'elle consacre à son jeune frère, à son père très souvent malade, à sa mère qu'elle seconde dans les soins d'intérieur, elle donne un concours actif et pécuniaire à toutes les œuvres paroissiales sans exception.

Outre la charge de la bibliothèque dont elle s'acquitte avec autant d'ordre que d'intelligence. nous savons déjà ce qu'elle fait avec sa tante Rose pour l'autel marial de Saint-Paul, sans

______

(1) Aumônier de l'Hôtel-Dieu à Narbonne pendant trente-deux ans.

préjudice de tout ce qu'elle réalise encore pour l'ornementation générale. C'est à son zèle que l'église est redevable des quatre grands et magnifiques candélabres qui la décorent, ainsi que du splendide tapis, véritable œuvre d'art, qui ne sert qu'aux grandes fêtes.

Ce tapis, qui représente des lis sur fond bleu et des roses sur fond blanc, est composé d'une série de carrés de soixante centimètres environ, au petit point de tapisserie, qui furent exécutés par les dames de la paroisse dont les noms sont brodés sur les bandes du tour. Le milieu, occupé par un grand chiffre de Notre-Dame, entrelacé, fut confectionné par Rose elle-même.

Son esprit d'initiative, éminemment pratique, ne s'étendait pas qu'aux choses matérielles du culte. Avant même qu'il fût question de grouper les bonnes volontés pour catéchiser les jeunes enfants, elle commença à instruire les petits garçons et entraîna Mlle Julienne Dartiguelongue et plusieurs autres dans ce mouvement qui devint l'œuvre des catéchismes, et dont elle demeura la cheville ouvrière.

Ce fut encore elle qui établit à Narbonne le premier Comité de Notre-Dame de Salut et celui des pèlerinages de Lourdes. Elle sollicita et obtint, grâce à son énergie persévérante, doublée d'un tact exquis, des concours précieux dans la meilleure société de la région pour organiser

le train de malades des campagnes de l'Aude et
leur hospitalisation à Lourdes. Ses collaborateurs
et collaboratrices dans ces pieuses randonnées
demeurèrent ses amis dévoués, et après son
entrée en religion, elle put faire appel à leur charitable zèle en bien des occurrences. Plusieurs
continuèrent son œuvre et gardent encore d'elle
un souvenir ému (1).

A une époque où les missions de nos Pères
d'Orient, surtout à Andrinople, étaient dans le
plus complet dénuement, elle n'hésita pas à aller
quêter de porte en porte, domptant les répugnances de sa fière nature, pour obtenir les
ressources nécessaires aux œuvres des missionnaires. Elle leur expédia des ornements qu'elle
avait confectionnés elle-même. Un jour, elle fit
une réunion-conférence à une trentaine de personnes, pour leur parler du pèlerinage de Jérusalem qui s'organisait, et les intéresser aux
œuvres des Assomptionistes du Levant. Ce fut
pour tout le monde une révélation de l'entendre
parler d'une façon si intéressante, avec tant
d'aisance et de netteté.

Mlle Jouet avait acquis dans son milieu, grâce

______

(1) « Son humilité ne m'avait pas laissée pénétrer les trésors
que renfermait cette âme d'élite. Mais auprès d'elle, j'étais sous
le charme de son tact, de son intelligence, de son dévouement
à sa Congrégation et des services qu'elle lui rendait tous les
jours. » (Lettre de la C^{sse} de Kérouartz, 24 mai 1921.)

à sa piété et à ses autres qualités personnelles, une incontestable et très heureuse influence sur les jeunes filles de son âge. Mais les plus pieuses étaient ses privilégiées.

Il y avait d'abord Mlle Reynaud, à laquelle l'unissait une communauté d'aspirations, et qui fut depuis Visitandine à Limoges (1). Puis Mlle J. Dartiguelongue, sa fidèle collaboratrice dans toutes les œuvres. Enfin, Mlle Marie Soulevrac, la sœur de l'abbé. C'était l'inséparable de Rose qu'elle aimait comme une sœur. Toutes deux furent reçues le même jour Tertiaires de Saint-Dominique.

Que deviendrait donc cette jeune fille si accomplie, si visiblement dédaigneuse de tout bonheur humain, et dont la vie se dépensait déjà tout entière pour Dieu et son prochain?

Quelques-uns, autour d'elle, en voyant les années succéder aux années sans amener aucun changement dans sa vie, pensent peut-être qu'elle continuera à se dévouer dans le siècle aux œuvres qui ont déjà reçu d'elle une si vigoureuse impulsion. Pourtant il n'en est rien. Un secret divin chante en son âme, nous l'avons déjà fait pressentir.

Est-ce depuis sa première Communion? Depuis

---

(1) Mme Reynaud vient de mourir en Belgique par suite des privations de la guerre.

Mᵐᵉ Rose Jo[...] à trente ans.

une retraite? Ou bien l'emprise des choses d'en haut a-t-elle été latente et graduelle? Nous ne pouvons le dire, mais elle a entendu l'appel de Dieu et elle veut être totalement à lui par la vie religieuse. Toutefois, elle n'a pas encore choisi l'Ordre dans lequel elle entrera. Rien ne presse d'ailleurs, car des devoirs familiaux la retiennent. La Providence, qui ne livre rien au hasard, ayant préparé depuis toujours le poste où il la voulait, sut ménager les circonstances qui devaient l'y amener.

Ce fut au cours d'un voyage à Lourdes, où elle conduisait chaque année ses malades, que Rose Jouet connut le P. Picard, Supérieur général des Augustins de l'Assomption.

Cette rencontre devait avoir une influence décisive sur l'orientation de sa vie. Nous ne savons à quelle époque eut lieu la première entrevue, mais ce qui est certain, c'est que, de part et d'autre, la confiance jaillit complète et demeura inaltérable. Le Père jugea sur-le-champ l'âme d'élite qui se révélait à lui et le bien qui se ferait par elle. De son côté, Mlle Jouet sentit qu'elle avait trouvé son Ananie. Il répondrait enfin au *Quid me vis facere?* qu'elle adressait à Dieu dans le secret de son âme. Elle se mit sous sa direction, le revit de loin en loin, tantôt à Lourdes, tantôt à Amélie-les-Bains où le Père allait parfois refaire sa santé délabrée. Ce fut en 1883, à la suite d'une retraite faite avec le P. Picard, qu'elle prit, à l'âge de vingt-neuf ans, la décision d'entrer chez les Oblates. Elle était assurée de trouver dans la vie mixte de ces religieuses, où l'oraison intense alterne avec les œuvres d'apostolat qu'elle soutient, l'essor pour le double attrait de son âme, vers la prière et vers l'action.

Malgré son âge et son ardent désir de répondre au plus tôt à l'appel de Notre-Seigneur, elle se voyait dans la nécessité d'attendre trois années encore la réalisation de son rêve. Son frère, parti pour un long service militaire, ne devait rentrer qu'en 1886, et elle ne pouvait laisser sa mère seule, auprès de son père constamment malade. Rose Jouet fut donc ainsi retenue dans le monde jusqu'à l'âge de trente-deux ans.

L'épreuve de l'attente fut longue et douloureuse, mais une correspondance assez suivie s'établit entre elle et le P. Picard qui la soutint dans ses difficultés.

Ayez confiance, lui écrit-il le 20 février 1884, et marchez sans crainte vers le but si ardemment désiré. L'heure de la grâce a sonné, l'heure de la délivrance viendra. Je prie bien pour vous et pour les vôtres et j'espère que les choses s'arrangeront bien.

Ce fut certainement dans le courant de cette année 1884 que Mlle Jouet dut avertir ses parents

de ses aspirations à la vie religieuse. Quelle
résistance rencontra-t-elle dans ce milieu pourtant si chrétien qu'elle aimait autant qu'elle en
était aimée? Nous ne le savons pas par le
menu, mais les débats durent être pénibles,
orageux même, et le sacrifice douloureux de
part et d'autre. Les avis du P. Picard le laissent
supposer.

Ne vous découragez pas, ma chère enfant, lui
écrit-il le 15 septembre 1884, le grain de froment
doit tomber en terre et y mourir pour avoir sa
fécondité; ainsi l'âme que Notre-Seigneur appelle
à porter des fruits doit passer par la vie d'humi-
liations, d'anéantissement et de mort, pour être
digne de l'appel du Maître. Vous souffrez, ma pauvre
enfant, je vous plains de tout mon cœur, je plains
plus encore vos parents. Je prie pour vous et demande
à Notre-Seigneur que ces souffrances portent des
fruits.

Nous célébrions hier l'Exaltation de la Sainte
Croix : ce n'est pas seulement à Jérusalem, à Rome
où à la Salette que cette croix du divin Sauveur
doit être exaltée, il faut qu'elle soit plantée dans
votre cœur, qu'elle y soit aimée. qu'elle y reçoive
le tribut de vos adorations, de vos sacrifices.

« Celui qui n'a pas souffert ne sait rien », dit
l'Ecriture. Apprenez donc à devenir savante...

Ayez confiance, Notre-Seigneur vous aidera. Il
faut absolument que vous soyez une fille de prière.
Rien ne peut mieux vous aider à le devenir que les

difficultés que vous traversez. Allez à Jésus au tabernacle et apprenez de lui à être silencieuse, patiente, courageuse et persévérante. Priez. Priez.

Et le 11 octobre suivant :

Portez patiemment l'épreuve et comptez **sur le** secours de la Sainte Vierge. Vous êtes l'enfant du Salut. Notre-Dame du Salut veillera sur vous et sur les vôtres...

Montrez-vous bonne et affectueuse pour vos parents et préparez-vous par le sacrifice aux grâces que Dieu vous destine.

Pendant le Carême de 1885, le Père étant à Cannes et devant, au retour sur Paris, passer par Nîmes, Mlle Jouet caressa un instant l'espoir de se rendre en cette dernière ville pour y faire une retraite. Le Père l'y invitait. Il semble, d'après la lettre suivante (1), que l'orage familial grondait et qu'elle avait besoin de lumière et de force :

Je ne compte pas vous voir à Cannes, mais peut-être pourrez-vous venir à Nîmes, lorsque j'y serai. Je vous plains bien de toutes les peines qui naissent autour de vous et qui éprouvent votre vocation; il ne faut pas s'effrayer. Au moment où Jésus était sur la croix, les apôtres croyaient tout perdu. C'était pourtant l'heure du triomphe. Restez donc tranquil-

____

(1) Lettre du P. Picard à Mme Jouet, 14 février 1885.

lement sur votre croix, ma chère enfant. Souffrez en silence, priez et comptez sur la grâce de Celui qui vous appelle et qui n'abandonne jamais les siens. Vous avez raison de vous abandonner complètement à sa volonté, sans aucune restriction. C'est le seul moyen d'avoir la paix et d'être vraiment à sa place. *Pax hominibus bonae voluntatis.* Que ne m'avez-vous rappelé le 12 février? (1) J'aurais dit la Messe pour vous, mais je réparerai le jour de l'octave, jeudi 20.

En divisant vos petits travaux et vos beaux ornements entre Rome et Constantinople, vous contenterez deux supérieurs et vous ferez double plaisir.

Pendant le Carême, il l' « engage à ne pas attendre trop tard afin de préparer les voies » pour la retraite, et à « ne pas choisir la dernière semaine de son séjour à Nîmes pour venir l'y trouver » (2). Il l'assure « qu'il a demandé à Notre-Seigneur de fortifier son âme et de se préparer en elle une vraie épouse » (3).

Mais le projet de retraite à Nîmes ne put se réaliser, paraît-il, car le Père écrit le 22 mars :

Offrez généreusement à Notre-Seigneur les sacrifices qui se présentent, même celui de venir à Nîmes. J'aimerais infiniment mieux que vous puissiez un jour prendre votre temps et venir faire une retraite

______

(1) Date de naissance de Mlle Jouet.
(2) Lettre du P. Picard à Mlle Jouet. Carême 1885.
(3) *Ibid.*, Cannes, 19 février 1885.

à Paris. Ce ne sera pas plus difficile à obtenir et ce sera préférable. En attendant, ne permettez jamais au découragement et même à la tristesse d'envahir votre âme. Renouvelez votre vœu le 25, et donnez-vous du fond du cœur à Jésus qui veut vous posséder tout entière.

Du courage, ma chère fille, je vous bénis très paternellement.

Le 2 avril 1885, il lui indique la date de son passage à Nîmes, regrettant qu'un mauvais état de santé l'empêche de revenir par Montpellier, Narbonne, Toulouse et Bordeaux, mais « un impotent, dit-il, doit prendre le chemin le plus court, le plus facile ». Il l'engage, « en attendant l'aide de Dieu, à être patiente et à suivre le Maître dans la voie douloureuse ».

Le 16 mai, il l'assure « qu'il la suit au milieu de toutes ses épreuves avec une grande sollicitude, et lui recommande de ne pas s'effrayer » (1).

Il veut qu'elle reste en présence de Dieu et qu'elle ait confiance, il compte que la Sainte Vierge préparera les voies à son divin Fils » (2), et lui annonce son projet de passer par Narbonne le 17 septembre.

Dans cette entrevue qui devait être pour elle un si grand réconfort, il dut être question du

____

(1) Lettre du P. Picard à Me Jouet. Paris, 16 mai 1885.
(2) *Ibid.*, Cauterets, le 9 septembre 1885.

départ. Une lettre du 3 décembre le contient implicitement :

Vivez dans la paix et l'abandon absolu à la volonté de Dieu. L'heure du grand sacrifice approche, les grâces de Dieu doivent abonder dans votre âme, car Jésus n'abandonne jamais les âmes au jour de la lutte. Vivez pendant cet Avent avec le vrai ami de l'Epoux, le grand précurseur Jean-Baptiste. Il prêche la pénitence et prépare ainsi les voies au Seigneur. Aimez ce grand Saint, demandez-lui la force de tout quitter pour entrer dans les voies de la perfection par la souffrance et la fidélité.

La lecture de Rodriguez est excellente pour vous. Entrez dans les vertus qu'il enseigne si bien et préparez toutes choses pour le départ. Aussitôt votre frère libre, vous prendrez aussi votre liberté, mais ne dites rien jusque-là, et priez avec une grande ferveur. Que Marie immaculée vous garde et vous forme pour les triomphes nécessaires.

Dans une lettre du 31 décembre où il la remercie délicatement et surnaturellement (1) d'un envoi de fruits confits, il souhaite que la nouvelle année lui apporte la joie au milieu des sacrifices qu'il prévoit.

La lutte continue, en effet, pour Rose au dedans et au dehors. Elle passe par des aridités

---

(1) Toutes vos douceurs sont arrivées. Merci. Qu'elles soient l'emblème de vos vertus, mais que les vertus ne se ramollissent jamais comme les fruits confits.

intérieures en même temps qu'il lui faut, à l'extérieur, souffrir de la part des siens qui ne peuvent se faire à l'idée de son départ.

Ne vous découragez pas, ma chère enfant, lui écrit de Paris le P. Picard, le 31 janvier 1886; donnez-vous tous les jours, donnez-vous sans réserve, le reste viendra. Les consolations et les facilités ne sont pas nécessaires. La prière difficile, aride, crucifiante, n'est pas la moins bonne. Persévérez donc dans cette prière, et, lorsque vous le pouvez, donnez beaucoup de temps au Chemin de la Croix. L'année qui s'ouvre se passera sur le Calvaire, il faut vous y attendre, mais c'est sur le Calvaire que réside Jésus, votre Maître et votre Époux; c'est sur le Calvaire que se tient debout, dans les larmes, Marie votre Mère. Priez beaucoup cette aimable et divine **Mère** de vous unir à ses souffrances et à son amour. Apprenez d'elle à aimer son Fils comme il veut être aimé et demandez-lui de fortifier et de consoler vos pauvres parents. Que ces braves parents aient la force d'offrir leur trésor au bon Dieu comme Marie offrit Jésus au jour de sa Purification. Quelle joie et quelle douleur en ce mystère béni!

L'année se passa, en effet, dans une attente douloureuse, et pour Mlle Jouet, et pour sa famille. Personne ne jouissait plus de part ni d'autre. C'était une agonie vécue, comme les dernières semaines passées au chevet d'un être chéri dont la maladie ne laisse plus aucun espoir.

Elle n'avait point fixé de date, mais avait laissé entendre qu'à la fin du service militaire de son frère, elle userait de sa liberté. Le retour de ce dernier au foyer paternel ayant eu lieu en septembre, elle avertit ses parents qu'elle désirait venir faire une retraite à Paris. Les oppositions furent très vives, mais elle tint bon. Une lettre du P. Picard vint la réconforter dans cette heure difficile (1).

Soyez courageuse, ma chère fille ; qui ne sait pas tout sacrifier et se sacrifier soi-même pour Jésus n'est pas digne de lui. Le divin Maître a daigné vous choisir, c'est une immense grâce. Remerciez-le et soyez fidèle. Que la prière vous unisse à Dieu et vous introduise dans la vie de générosité, amour et perfection. Nous ne sommes pas créés pour la terre. Notre Mère s'est enfermée au Temple à l'âge de trois ans et a suivi Jésus jusqu'au Calvaire. Elle est restée ici-bas au jour de l'Ascension de son divin Fils. Prions-la, aimons-la et suivons son exemple. Qu'elle vous garde dans la paix et la bonne volonté.

Enfin, le 9 octobre 1886, Rose Jouet, bravant toutes les objections et toutes les résistances, quittait Narbonne pour se rendre à Paris, et de là, au noviciat des Oblates de l'Assomption, alors situé sur les coteaux de Sèvres. Le 13, elle allait trouver le P. Picard à l'abbaye de Livry et

____

(1) Lettre du P. Picard à Mme Jouet, 4 octobre 1886.

commençait la retraite au cours de laquelle elle prit le parti suprême qui devait supprimer tous les obstacles par une opération douloureuse. Le 18 octobre, elle demandait et recevait le bonnet de postulante. Elle chargeait M. l'abbé Jean, alors vicaire, et devenu aujourd'hui archiprêtre de l'Église Saint-Paul, d'annoncer aux siens que, voulant leur éviter les déchirements des adieux et les débats désormais inutiles, elle avait quitté Narbonne pour toujours.

Le sacrifice, quoique plus tard généreusement accepté, fut alors ressenti cruellement par tous les membres de la famille, qui, dans la première explosion de leur douleur, durent lui adresser de cuisants reproches, comme le fait assez entendre la lettre suivante adressée par le P. Picard à la postulante pour la fortifier dans ce terrible combat :

Nîmes, le 25 octobre 1886.

Je vous plains bien, ma pauvre et chère fille, mais je ne suis pas étonné de ce qui arrive. La chair et le sang ont des cris qui bouleversent la chair et le sang, mais ils ne doivent pas triompher de la grâce. La séparation est faite. Vous êtes à Dieu, restez bien fidèle. Toutes les concessions arriveraient à rouvrir des plaies qu'on ne peut pas éviter. Soyez extérieurement bonne et tendre dans les termes, consolez vos pauvres parents, priez pour eux; adoucissez le plus possible leur peine, mais restez à votre poste.

Je suis content qu'on vous accorde plus de temps
pour la prière, vous en avez besoin. Que rien ne vous
effraie, l'épouse de Jésus doit connaître le Calvaire,
« Marie de la Croix » doit l'aimer. Courage donc, ma
chère enfant, je prie pour vous de tout cœur et vous
bénis.

On devine l'énergie surnaturelle qu'il avait
fallu à Mlle Jouet pour imposer une mesure aussi
rigoureuse à des parents qu'elle chérissait. Évidemment, pour personne au monde, elle n'eût
jamais quitté ceux à qui elle avait déjà consacré
la moitié de sa vie, mais à Dieu qui lui demandait impérieusement la seconde, elle ne pouvait
plus opposer de délai. Sa forte et surnaturelle
tendresse s'appliqua d'ailleurs à panser la blessure. D'affectueuses lettres prouvèrent aux siens
que rien n'était perdu pour eux de la place qu'ils
occupaient dans ce cœur toujours filial.

Mais, la pauvre mère, Mme Jouet, bien des
années après l'événement, n'en était pas encore
consolée. Elle nous disait à nous-même à Paris
en 1900 :

— Ah! ma Sœur! les années ont passé là-
dessus, mais, ajoutait-elle en montrant son
cœur, c'est toujours là!

Nous comprenions et compatissions, nous
qui pouvions mesurer sa douleur d'avoir perdu
une pareille fille à la joie que nous avions de la
posséder.

CHAPITRE III

*Entrée en religion — Postulat
Prise d'habit*

Ce n'était pas une postulante ordinaire que celle qui prenait le bonnet le 18 octobre 1886 sous le nom de Sœur Marie de la Croix. Elle nous arrivait à trente-deux ans, dans la plénitude de ses belles facultés développées déjà par l'exercice des œuvres : intelligence lucide, pénétrante, éminemment pratique et organisatrice, précise et prompte sans précipitation, d'un jugement si sûr à l'égard des gens et des choses qu'on l'eût pu dire infaillible, d'un esprit de suite étonnant, d'un tact qu'on ne pouvait jamais prendre en défaut, d'une pondération et d'une possession de soi incomparables, d'une présence d'esprit que rien ne déconcertait; elle joignait à tout cela une volonté aussi intrépide que persévérante, dont la robustesse, faite de calme, de raison et d'équilibre, ignorait également le caprice et la violence. Aussi se mouvait-elle à travers les difficultés les plus complexes sans se laisser embarrasser ni intimider par

aucune. Les obstacles, loin de l'effrayer, stimu-
laient son ardeur. Semblable à ces marins hardis
et aventureux que grise le danger, elle se com-
plaisait dans les périls et en sortait toujours
avec bonheur. Son endurance physique et morale
était d'ailleurs exceptionnelle. On sait déjà que
ces dons précieux, mis en valeur par une éducation très forte, très complète et très ordonnée,
où tout était en équilibre, avaient rendu Mlle Jouet
apte à peu près à tout. Ceux qui avaient quelque
commerce avec elle éprouvaient bientôt un éton-
nement admiratif, en voyant cette personne, à
laquelle d'excellentes études, de solides lectures,
la fréquentation d'un monde choisi, avaient
donné une culture générale très étendue et très
soignée, dont l'esprit vif et souple était ouvert
à toutes les grandes questions actuelles, de voir,
dis-je, cette personne ne dédaigner aucun détail
de ménage, et s'occuper elle-même de cuisine
avec la compétence d'un cordon bleu.

Je la vois encore arriver au noviciat de Sèvres,
nous écrivait Mère Marie de la Compassion. Elle
avait une mise simple et distinguée, avec un grand
air de dignité, qui cachait pourtant une si grande
bonté.

Nous avons dit qu'un physique agréable
s'alliait en elle à une grande distinction native,
mais elle avait, en effet, au premier abord

quelque chose d'un peu distant, capable de la
faire taxer de froideur par ceux qui jugent sur
les apparences. Pourtant son cœur n'était infé-
rieur ni à son intelligence ni à sa volonté. Sa
puissance de dévouement était incalculable.
Vivre pour autrui lui était un besoin, et s'oublier soi-même une seconde nature. Son plus
grand plaisir était vraiment celui des autres.
Toutefois, sa sensibilité, quoique délicate, était
plus effective qu'affective, mais pour peu qu'on
eût eu, une fois seulement, l'occasion de se servir d'elle, on sentait un désir si constant d'obliger, une bonté pratique si sérieuse et si vraie,
qu'on faisait fonds sur elle pour toujours.

Telle était alors humainement la nouvelle
postulante. Mais, après avoir dit que le sérieux
domine en son esprit, la force en sa volonté et
la bonté dans son cœur, ajoutons qu'elle est
avant et par-dessus tout une âme profondément
religieuse : la foi oriente ses pensées, une piété
solide et éclairée anime ses sentiments. L'amour
céleste l'a conquise et va l'informer plus que
jamais dans sa vie nouvelle. Sa passion pour
Dieu, profonde, réfléchie, voulue, et tout effective, drainera au profit de la cause sainte toutes
ses puissances, pour faire, de la haute valeur
intellectuelle et morale qu'est déjà Mlle Jouet,
la religieuse exceptionnelle que sera la Sœur
Marie de la Croix.

Dès les premiers jours, elle fut un modèle de ferveur, de régularité, d'obéissance et de mortification. Pour elle, il n'y avait pas d'écart possible entre connaître son devoir et l'accomplir. Mère Marie du Christ, Supérieure générale et maîtresse du noviciat, qui s'y connaissait à fond, disait au lendemain de l'arrivée de Mlle Jouet à Mère Marie de la Compassion :

— Nous venons de recevoir une personne de grande valeur.

Combien l'avenir devait ratifier ce jugement ! Notre Mère générale, dont la formation vigoureuse communiquait aux âmes son indélébile empreinte avec une trempe incomparable, n'avait peut-être jamais rencontré de sujet plus propre à les recevoir. C'était vraiment la bonne terre qui rend cent pour un. La fille était digne de la Mère, et les progrès furent rapides dans la sainteté. Sœur Marie de la Croix inspirait à ses compagnes une véritable vénération, tant elle se révéla comme un sujet d'élite par ses vertus religieuses et son exquise bonté.

Le noviciat très pauvre des Oblates imposait aux Sœurs de pénibles privations. Les survivantes de ces premiers temps se souviennent que Sœur Marie de la Croix, quoique habituée à un large bien-être, faisait plus vaillante figure que quiconque à la table conventuelle, dont le piètre ragoût éveillait vaguement le souvenir du brouet noir des Spartiates. La viande, provenant des quêtes, était d'une fraîcheur équivoque, que trahissait une odeur parfois repoussante. Les dortoirs n'étaient rien moins que confortables. La jeune postulante plaisantait gaiement de tout cela, bien loin d'en gémir, et donnait la première l'exemple de la pauvreté portée héroïquement, parce que joyeusement.

Elle n'était pas moins édifiante par son obéissance que par sa pauvreté. Habituée à porter des responsabilités et à jouir d'une certaine indépendance, elle avait compris qu'en entrant en religion tout cela devait changer. Elle employa donc à soumettre sa volonté l'énergie qu'elle mettait jadis à la faire triompher, et les dernières victoires furent aussi complètes que les premières. Sa fière nature s'inclina docilement sous le joug, comme si elle n'eût connu aucune révolte. L'assouplissement, commencé dans le monde par la grâce, s'acheva dans la vie religieuse. Une compagne de pension qui la revit en 1888, à Narbonne, quand elle conduisait le pèlerinage, disait à ce sujet :

Comme elle était changée ! Elle avait tant gagné ! La grâce avait passé par là ! On n'avait qu'à la regarder pour constater cette merveilleuse transformation. La réserve froide, un peu hautaine peutêtre et distante de la jeune fille, s'était changée en une dignité faite de simplicité, de bonne grâce souriante qui nous charmait. Accueillante, un doux sourire éclairant sa physionomie autrefois un peu sévère, elle était pour toutes pleine d'affabilité.

Le 16 janvier 1887, Mlle Jouet était admise à prendre l'habit. Quels furent ses sentiments intimes au jour où il lui fut donné de revêtir ces livrées du Christ qu'elle convoitait depuis si longtemps? L'absence de documents nous empêche de rien affirmer, mais tout porte à croire que la religion si sérieuse de Mlle Jouet envisagea dès lors toute la gravité des engagements qu'elle contractait envers son céleste Fiancé.

Parmi les membres de sa famille, son frère seul put être présent. Elle fut privée de voir son père et sa mère assister à cette cérémonie dont le touchant symbolisme ne sera peut-être pas sans intérêt pour nos pieux lecteurs.

A l'heure fixée, la communauté en procession, précédée de la croix qu'escortaient les céroféraires, pénétra dans la chapelle au chant de l'*Ave maris Stella*. Le défilé était fermé par la postulante qui, revêtue de la parure nuptiale, et accompagnée de la supérieure et de l'assistante, prenait place au milieu du chœur. Le chant terminé, le célébrant adressa la question d'usage à la postulante.

— Ma fille, que demandez-vous?

Sur la réponse de celle-ci, qu'elle désirait son

admission dans la Congrégation des Oblates de l'Assomption, et cela, de son plein gré, le célébrant engagea alors avec le chœur des épouses un dialogue pressant suivi d'oraisons aux trois personnes de la Sainte Trinité, pour attirer sur sa servante, prête à dépouiller le vieil homme, les bénédictions d'en haut et la grâce de la fidélité dans son pieux dessein.

Puis vint le sermon, dont rien malheureusement ne nous a été conservé. Ensuite le prêtre procéda à la bénédiction du saint habit, en demandant à Notre-Seigneur de revêtir lui-même sa fiancée de ce symbole du mépris du siècle, en lui faisant la grâce de persévérer dans la chasteté. La bénédiction du voile, non moins pleine de sens et d'onction, implore le Dieu qui ne veut pour son épouse ni l'amour, ni même la vue des vanités du monde, de l'en préserver, par la bénédiction de ce voile, objet de ses plus ardents désirs.

Ces prières achevées, les vêtements monastiques ayant été aspergés, puis encensés, la postulante vint se mettre à genoux devant le célébrant, qui lui coupa une mèche de cheveux en disant : « Que le Seigneur vous dépouille du vieil homme et de ses œuvres. » Puis se dépouillant elle-même des bijoux dont on l'avait parée pour la circonstance, elle les déposa en signe de renonciation à toutes les pompes du siècle auxquelles elle disait si volontiers un éternel adieu. Et, rayonnante, elle reçut la robe de bure et le voile blanc des mains du prêtre avec ces paroles : « Que le Seigneur te revête de l'homme nouveau, créé selon Dieu dans la justice et la vérité. »

C'en était fait, la séparation du monde était enfin consommée. La fiancée du Christ sortit pour revêtir ses livrées, pendant que le célébrant bénissait les pièces accessoires du costume.

Le chœur des vierges fit alors éclater son allégresse par des chants de triomphe et d'amour, empruntés à la harpe du Roi-Prophète, pour célébrer le bonheur, la gloire et l'abondance des biens qui attendent la nouvelle élue.

C'est d'abord le psaume xv *Conserva me*, l'hymne de l'espérance et de la confiance en Celui auquel la jeune vierge a promis sa foi.

C'est ensuite le psaume cxxi *Lætatus sum*, exaltant la joie et les insignes prérogatives d'habiter dans la maison du Seigneur : la paix, la sécurité, la douceur sans cesse renaissante de vivre sous le même toit que les sœurs de son âme, avec lesquelles tous les biens temporels et spirituels sont si fraternellement partagés.

C'est enfin le psaume lxxxiii *Quam dilecta* qui chante, en des accents si pieusement lyriques,

les délices de vivre à l'ombre du tabernacle où
réside le « Dieu fort et vivant », pour lequel
« ont tressailli le cœur et la chair » de la vierge.
Son âme éprise du saint amour, trouve « à l'autel un asile, comme le passereau dans sa demeure
et la tourterelle dans son nid ». C'est de ce lieu
d'élection qu'elle « ira de vertu en vertu », grâce
au secours de Celui qui se fait appeler *Domine
virtutum*.

« Un jour passé dans cette maison du Seigneur vaut mieux que mille partout ailleurs. »
Aussi a-t-elle « choisi d'y être abjecte », plutôt
que d'habiter là où elle eût pu recevoir les hon-
neurs du siècle.

Au cours de ces trois psaumes si admirablement choisis et dont l'ensemble forme comme
l'épithalame des fiançailles de la vierge avec son
Bien-Aimé, l'antienne « *Dominus pars haeredi-
tatis meae* : Le Seigneur est la part de mon héri-
tage » revient sans cesse comme un « leitmotiv »
pour clamer au ciel et à la terre, autant qu'à
l'élue elle-même, que la meilleure part est bien
celle qu'elle a choisie, ou plutôt celle que le Seigneur a choisie pour elle.

Cette poésie si hautement religieuse, si enthou-
siasmante pour l'âme éprise de sa sainte vocation, combien la piété profonde, ardente, éclairée
de Sœur Marie de la Croix était capable de la
comprendre et de la goûter, capable surtout d'en

faire désormais l'aliment d'un zèle qui ne devait
finir qu'avec sa vie !

Les chants d'allégresse se terminèrent par le
Gloria Patri, dès que la novice, ayant achevé
de revêtir la robe monastique, et rentrant dans
la chapelle, vint se mettre à genoux aux pieds
du célébrant, qui toucha son voile en lui rappe-
lant que « le joug du Seigneur est doux et son
fardeau léger ».

Lui faisant ensuite baiser la ceinture, figure
de la chasteté, il pria le Seigneur d'en entourer
son épouse comme d'une garde contre la souil-
lure du péché. Puis il lui remit le rosaire, signe
des prières incessantes que sa ferveur devait
à tout instant faire monter vers Dieu, et, lui
posant sur la tête la couronne de roses, il la
salua de la gracieuse antienne de l'office des
vierges : « Venez, épouse du Christ, recevez la
couronne que le Seigneur vous a préparée pour
l'éternité. »

Enfin, il lui remit un cierge allumé, symbole
de la lumière divine « qui délivre », et lui souhaita la paix éternelle.

La vêture étant terminée, de toutes les poi-
trines jaillit le chant d'action de grâces, le *Te
Deum,* pendant lequel s'accomplit le rite si touchant du « baiser de paix ». La nouvelle novice
alla d'abord le demander à genoux à la Supérieure, puis à chacune des religieuses, mais en

restant debout, et en prononçant les paroles :
Ora pro me (1), auxquelles il fut répondu : *Pax
tecum* (2).

Le Salut solennel du Très Saint Sacrement
fut ensuite donné, après quoi la communauté se
rendit processionnellement, au chant du *Magnificat*, à la salle capitulaire où la novice signa
le procès-verbal de sa prise d'habit, contresigné
par la Supérieure et par deux religieuses, avec
l'approbation également signée du célébrant.

----

(1) Priez pour moi.
(2) La paix soit avec toi.

CHAPITRE IV

Noviciat — Profession

Sœur Marie de la Croix, une fois entrée au
noviciat, continua de s'y montrer la personne
de devoir, faisant extraordinairement bien les
choses ordinaires, mais toujours sans bruit. Elle
fut quelque temps employée à l'économat, puis
chargée de l'orphelinat des enfants, dont elle
s'occupa avec cette bonté affectueusement attentive qu'on lui a toujours connue. Elle étudiait
sa vie religieuse dans l'oraison et le recueillement, et suivait en tout la règle sans aucune
exception. Elle faisait sa nourriture habituelle
de la *Perfection chrétienne* de Rodriguez, dont
la solide simplicité lui paraissait bien préférable
à tant de nouveautés modernes, plus flatteuses
pour l'imagination, mais d'une doctrine moins
sûre. Elle se contentait modestement de la voie
commune pour tout ce qui paraissait au dehors.
Cette vie d'étude et de formation, calme et paisible sous le regard de Dieu, plaisait à son âme
avide de prière; mais elle fut loin d'en jouir
aussi longtemps qu'elle avait le droit de s'y

attendre. Des démarches et des fonctions un peu extraordinaires lui furent confiées volontiers, même pendant son noviciat, étant donné ses aptitudes et son passé dans les œuvres. Mère Marie du Christ se servait d'elle fréquemment, comme d'une précieuse auxiliaire, et faisait appel à son concours pour ce qui demandait du savoir-faire en même temps que de l'abnégation.

A l'époque où Mère Marie du Christ préparait la maison de Passy pour y recevoir le noviciat, Sœur Marie de la Croix fut envoyée chaque jour, par de très mauvais temps, pour surveiller les ouvriers et activer le travail. Le soir, elle rentrait à l'heure des exercices communs, sans se plaindre jamais ni de la fatigue, ni du froid rigoureux, ni d'un tel emploi de son temps. Elle était heureuse de se former à l'obéissance, après avoir vécu d'initiative.

Nous avons dit précédemment qu'elle avait organisé à Narbonne le Comité de Notre-Dame de Salut et des Pèlerinages de Lourdes. Afin de ne pas laisser en souffrance cette œuvre pour laquelle elle n'était pas encore remplacée, ses supérieurs jugèrent bon de l'envoyer en août 1887 au Pèlerinage National avec quatre autres Oblates pour qu'elle pût s'occuper des malades de Narbonne. Elle continua de s'y rendre pendant dix années consécutives, sauf une interruption de deux ans, pour aider à l'organisation. Tantôt elle allait chercher les malades à Narbonne, tantôt elle les reconduisait. Mais, à partir de 1898, son voyage en Orient d'abord, puis les persécutions et la sécularisation, mirent fin pour elle à cette pieuse entreprise. Toutefois, elle ne cessa jamais de s'y intéresser. Elle s'occupait de la présentation et de l'inscription des malades, de la confection des insignes, de l'approvisionnement du voyage et d'une foule de détails qu'elle connaissait par le menu et auxquels elle pourvoyait avec un soin maternel. Elle était heureuse de travailler encore dans sa maturité pour cette Reine du ciel, chérie par elle d'un amour privilégié, dont son enfance ornait déjà l'autel, et à qui sa jeunesse avait offert les prémices de son zèle.

Un événement qui apporta à Sœur Marie de la Croix une très grande joie, fut le mariage de son frère, un an seulement après son entrée au couvent. Son cœur avait souffert de quitter la famille avant que ne fût fixé l'avenir de son cher Louis, dont la compagne, pensait-elle — et ses prévisions furent amplement réalisées, — serait pour sa mère une seconde fille. Et voilà que Dieu récompensait son abnégation bien plus tôt qu'elle n'eût osé l'espérer. Nous citons avec plaisir les lettres écrites à cette occasion à son frère et à sa belle-sœur; elles sont du nombre très restreint de celles qui la font connaître telle qu'elle était au dedans, en découvrant, par surprise, l'exquise et suave sensibilité qu'elle cachait sous une apparence de froideur.

Sèvres, 22 octobre 1887.

MON BIEN CHER FRÈRE,

Ta lettre m'est arrivée en même temps que celle de Louise. Nous voilà donc à la veille du grand jour qui va transformer ta vie.

Maman me dit que papa est souffrant et que s'il n'est pas mieux, le mariage sera encore retardé. J'ai grande confiance qu'après être passés par bien des inquiétudes et des incertitudes tout s'arrangera sans qu'il y ait encore de nouveaux retards.

Tu dois sentir combien je prie pour toi. Il est des choses qu'on n'a pas besoin de dire. Ton avenir a toujours été ma grande préoccupation. Bien des fois même je dois t'avoir paru trop sévère lorsque j'essayais de te faire voir la vie sous son vrai jour, et de te faire comprendre les obligations d'un vrai chrétien. Tous mes efforts eussent été inutiles pour ce faire, si Dieu ne se fût chargé de t'éclairer lui-même. C'est lui, sans doute, qui t'a fait sentir le charme d'une vie sérieuse, remplie par le travail et les affections de la famille, et je comprends ici la famille ancienne et la nouvelle qui t'est donnée et particulièrement cette chère petite sœur qui accepte de partager tes soucis, tes chagrins et tes joies. Parler de chagrin à la veille d'un mariage peut paraître un peu étrange. Et cependant, pourquoi ne pas dire la vérité, et n'est-il pas vrai que dans toute

situation il y a des peines à supporter, parfois même
de grandes douleurs? Alors surtout on sent qu'il est
bon d'avoir auprès de soi une âme aimante qui nous
aide à nous tourner vers Dieu. Si le chagrin est
mieux porté à deux, de même la joie, quand elle se
présente, est aussi plus complète.

Et la vraie joie, celle des cœurs purs, des âmes
qui, avant tout, veulent servir Dieu, n'est pas aussi
rare qu'on le pense. On peut l'éprouver dans n'importe quelle situation, même au milieu des larmes.
Pour le moment c'est la joie intime et extérieure qui
t'est donnée, et qui par toi nous est donnée à tous.
Qu'elle te soit conservée longtemps et que tu saches
toujours en remercier Dieu, c'est tout ce que je désire.

Je suis ravie que vous ayez songé à passer par
Lourdes d'abord. Oui, il faut que la Sainte Vierge
bénisse votre union. Nous l'avons tant priée qu'il n'y
a pas à douter que ce soit elle qui l'ait préparée. Et
puis enfin, tu as bien servi Notre-Dame de Lourdes
dans ses malades. Tu es donc son enfant privilégié.
Elle t'a donné bien des marques de cette protection.
Il est juste que vous alliez la remercier.

Adieu, frère chéri, je t'embrasse comme je t'aime,
Ta sœur,

ROSE.

Sèvres, 24 octobre 1887.

MA BIEN CHÈRE SŒUR,

Je vous donne ce titre sans hésiter parce que vous
serez sur le point de l'avoir de plein droit, si vous
ne l'avez déjà quand cette lettre vous parviendra.

Ne pensez pas que je vais laisser passer cette grande journée du 26 sans vous adresser au moins un mot qui vous dise combien je suis avec vous par le cœur et la prière. La privation que vous éprouvez tous, croyez que je la ressens aussi vivement que vous. Mais il est des choses qui, avec toute la bonne volonté possible, ne se peuvent point faire. C'est dans des circonstances comme celles-ci qu'une religieuse sent vraiment ce qu'elle a donné à Notre-Seigneur. La séparation ne brise pas les affections de la famille, et lorsqu'on aime les siens comme je les aime, on souffre horriblement d'avoir à leur imposer de bien douloureux sacrifices.

Une seule chose donne la paix et la joie : c'est la persuasion que ces souffrances réciproques ne seront pas perdues, et procureront à Louis, à vous, à tous ceux que nous aimons, bien des grâces infiniment plus précieuses que la joie que nous aurait procurée une réunion bien complète. Toute joie, si légitime et si grande soit-elle, passe vite, mais le mérite du sacrifice reste. Que ce soit là notre force et notre consolation.

Pour moi, je ne veux que remercier Notre-Seigneur d'avoir donné à mes parents une vraie fille qui les aimera bien ; à Louis, une bonne petite femme qui lui sera très attachée et partagera ses sollicitudes et ses joies ; qui s'appuiera sur lui, sans doute, mais qui saura aussi, dans les moments difficiles, l'encourager et le soutenir.

Je prie et fais prier pour vous, et je me réjouis à la pensée de vous embrasser bientôt. L'année dernière, quand j'arrivai ici, je ne me doutais pas qu'un an après je m'y retrouverais auprès d'un frère et d'une sœur bien-aimés. Voilà les bonnes surprises que nous ménage le bon Dieu. Oh! remercions-le beaucoup et réjouissons-nous toujours en lui : *Gaudete in Domino semper*. C'est du latin que tout le monde comprend.

Adieu, bien chère, plus que jamais chère sœur, je vous embrasse comme je vous aime en vous disant à bientôt.

Toutes mes amitiés aux vôtres qu'il me sera donné, j'espère, de revoir un jour.

Toute vôtre,

ROSE.

Sèvres, le 24 octobre 1887.

Toi aussi, mon ami, tu auras un mot. Il sera bien court. Mais je ne puis pas laisser passer cette date du 26 sans t'adresser un petit souvenir. Tu ne doutes pas que je sois bien avec toi tous ces jours-ci. Mais j'éprouve un grand besoin de te le redire. Je revois toute la vie de ce Louis qui a été ma grande préoccupation et ma non moins grande affection : enfant, je l'ai soigné et dorloté ; écolier, je l'ai encouragé et même grondé bien souvent, toujours je l'ai aimé plus que personne et j'ai désiré le voir devenir un parfait chrétien. Je vais le revoir dans quelques jours avec sa très chère petite femme, ma sœur que j'aime déjà beaucoup et que j'aimerai d'autant plus qu'elle sera plus aimante et plus dévouée pour tous les miens. C'est par ses mains que je fais passer ce billet pour qu'il t'arrive mercredi et qu'il t'apporte, au moment où tu entreras dans une nouvelle vie, une nouvelle assurance de notre union d'esprit, de cœur, de prière. Tu vois que je compte bien que la santé de papa est meilleure et que rien ne sera venu retarder ton bonheur.

Adieu, ami et frère chéri que j'embrasse de tout mon cœur, en attendant de pouvoir le faire en réalité. A bientôt la joie de nous revoir.

Ta sœur qui t'aime incroyablement,

ROSE.

Sœur Marie de la Croix est bien là tout entière, avec son esprit clairvoyant, net, précis, disant tout ce qu'il faut par le mot propre, mais sans rien d'inutile, avec sa prévoyance maternellement attentive à tout, sa délicatesse de touche et de procédé, avec sa foi profonde, sa façon d'aimer si sérieuse et si vraie, parce que toujours surnaturelle, et de plus, avec ce qu'on a le moins connu, son affectueuse tendresse.

Mais le moment des engagements solennels, désiré depuis longtemps par elle, arriva. La durée ordinaire des épreuves fut abrégée pour cette religieuse dont la vertu excitait une admiration unanime; et après un an de noviciat, le 22 janvier 1888, elle était admise à prononcer ses premiers vœux. La cérémonie, émouvante par la profondeur de sa signification autant que par sa grave simplicité, était présidée par le P. Vincent de Paul Bailly.

Le matin, un quart d'heure avant la Messe, la communauté se rendait processionnellement à la chapelle de Sèvres, au chant de l'*Ave maris Stella*.

Sœur Marie de la Croix, terminant le défilé, s'agenouilla au milieu du chœur. Puis la Messe se déroula sans interruption jusqu'à l'Evangile. A ce moment, le célébrant ayant posé la question rituelle :

— Ma fille que demandez-vous?

Et la novice ayant répondu qu'elle sollicitait, de plein gré, la grâce de prononcer ses vœux dans la Congrégation des Oblates de l'Assomption, le P. Vincent de Paul prit alors la parole. Les annales, écrites de la main même de Sœur Marie de la Croix, nous apprennent « qu'il adressa une charmante allocution à l'élue sur la vocation religieuse et le bonheur d'être à Jésus dans la pauvreté, la chasteté et l'obéissance. Il traça l'itinéraire de Dieu dans les âmes qu'il veut rendre siennes par la profession monastique ».

L'instruction fut suivie d'un nouvel interrogatoire, confirmant le premier.

Alors la future professe se prosterna le visage contre terre, pour signifier qu'elle allait désormais mourir au monde, et le célébrant, à genoux au pied de l'autel, commença le chant si impressionnant des grandes *Litanies des Saints*, auquel répondit tout le chœur. La cour céleste entière fut invoquée avec instance ; après la Trinité Sainte et la Vierge Marie, ce furent les chœurs angéliques, le collège des apôtres, la vaillante armée des martyrs, la pléiade des pontifes et des confesseurs, les gloires monastiques, la phalange virginale, et celle des saintes femmes. La pieuse assemblée les supplia de bénir, de fortifier et de garder dans la fidélité à ses promesses la fiancée du Christ, demeurée pendant cette longue impétration dans sa position de mort, faisant à Dieu le sacrifice de tout son être.

Elle ne se releva qu'après le chant des Litanies, pour entendre celui du *Veni Creator* qui devait appeler sur elle la lumière et la force de l'Esprit-Saint. Le célébrant procéda alors à la bénédiction des divers objets qu'il devait lui remettre.

Ce fut d'abord, en signe de détachement des vanités du monde, le voile noir, pour lequel elle devait quitter le voile blanc. Il demanda à Dieu la grâce de conserver, dans la pureté du corps et de l'esprit, le bien dont ce voile était le mystique emblème.

Ce fut ensuite l'anneau des épousailles, puis le crucifix dont l'image, placée comme un sceau « sur le cœur et sur les bras » de l'épouse, devait les transformer par la double grâce de la prière et des bonnes œuvres. Ce fut enfin la couronne de roses blanches, emblème de celle que la prière du célébrant souhaita pour la vierge dans la gloire du paradis.

Après avoir aspergé et encensé les précieuses livrées de la consécration virginale, le Père continua la Messe comme à l'ordinaire jusqu'à la Communion, moment solennel des engagements.

Sœur Marie de la Croix se présenta au prie-Dieu de communion, et là, à genoux devant la sainte Hostie que le célébrant tenait élevée à ses yeux, elle prononça à haute et intelligible voix la formule de ses vœux.

Puis elle en signa d'une croix la cédule et reçut « le Pain qui fait germer les vierges », scellant en quelque sorte son serment par l'union sacramentelle avec le Christ.

Après la Messe, qui se termina comme à l'ordinaire, le célébrant vint s'asseoir au pied de l'autel pour l'imposition du voile noir.

Sœur Marie de la Croix, après l'avoir reçu, retourna à sa place en chantant cette gracieuse antienne tirée de l'office de sainte Agnès : « Il a placé un signe sur mon visage pour que je n'accepte pas d'autre fiancé que lui. »

Le prêtre, après avoir supplié encore une fois la miséricorde divine d'affermir dans son noble désir la nouvelle professe, la rappela au pied du sanctuaire, en empruntant les paroles ardentes de l'Epoux des Cantiques : « Venez, ô bien-aimée, aux fiançailles ; l'hiver est passé ; la tourterelle chante, les vignes en fleur répandent leur parfum. » Répondant à cette invitation, elle vint recevoir à son doigt l'anneau d'argent, gage de l'alliance avec le céleste Epoux. Pour faire éclater les transports de sa joie, nul texte ne pouvait lui paraître mieux approprié que cette poétique antienne du cérémonial où sainte Agnès chante délicieusement la beauté, la gloire et l'amour de son Bien-Aimé : « Je suis fiancée à Celui que les anges servent, dont le soleil et la lune admirent la beauté. »

Le célébrant, après avoir réitéré ses instances en vue d'obtenir la persévérance pour la vierge élue, lui remit solennellement le crucifix, puis l'exemplaire de la Règle.

C'est alors sainte Agnès qui chante, par sa bouche, l'enivrement de son âme, inondée des biens célestes, et rassasiée au delà de ses espérances. « Je vois maintenant ce que j'ai désiré avec ardeur; je possède ce que j'ai espéré; je suis unie dans les cieux à Celui que, sur la terre, j'ai aimé d'un amour sans réserve. »

Et maintenant, la vierge, comblée des dons austères et précieux du saint Epoux, n'avait plus qu'à recevoir la couronne; comme à la prise d'habit, le célébrant l'appela au chant de l'antienne *Veni, sponsa Christi,* et lui imposa la virginale parure. Puis elle chanta, en se retirant, la splendide libéralité de l'Epoux qui l'avait ornée de présents magnifiques. C'est toujours l'office de sainte Agnès, ce ravissant poème de l'amour céleste, qui répond aux accents de son cœur : « Le Seigneur m'a revêtue d'une robe tissue d'or et m'a parée de colliers magnifiques. »

Après la remise du cierge allumé et le « baiser de paix » qu'accompagna le chant de l'*Ecce quam bonum* (1), exaltation si touchante des joies de la charité fraternelle, le célébrant récita les ultimes prières et la communauté retourna processionnellement à la salle capitulaire, pour terminer la cérémonie par les mêmes formalités qu'à la prise d'habit.

C'en était fait, le pacte était conclu et ratifié.

Sœur Marie de la Croix n'eut pas la consolation de voir à cette cérémonie un seul membre de sa famille : les circonstances ne le permirent pas. Seule, une amie intime, Mlle Julienne Dartiguelongue, qui avait autrefois partagé son dévouement aux œuvres de Narbonne, et que Dieu a depuis rappelée à lui, y était présente. Mais en toute chose, la jeune professe se souvenait « que sa grâce était la croix », comme le lui écrivait le P. Picard, et elle ne se plaignit point.

Que se passa-t-il en son âme pendant cette imposante cérémonie, au moment où, prosternée

____

(1) « Qu'il est bon et agréable à des frères d'habiter ensemble. »

sur la dalle du sanctuaire, elle avait fait à Dieu l'oblation de son être, au moment surtout où, devant Jésus Hostie, elle avait prononcé ses serments? Aucune note intime ne nous l'apprend, mais la vie qu'on va lire montrera que la donation « ne fut pas seulement de parole ni de langage, mais par les œuvres et en vérité » (1).

(1) *Non in verbo, neque lingua sed opere et veritate.* (I *Joan.*, III, 18.)

CHAPITRE V

Sèvres

Sœur Marie de la Croix avait à peine revêtu le voile noir, que, le 25 janvier, Mère Marie du Christ annonçait, à Sèvres, le départ pour la Turquie de Mère Philomène, supérieure de la maison, et, par suite, la nomination de deux assistantes à charge de la remplacer. L'une d'elles était Sœur Marie de la Croix qui devait prendre la responsabilité du côté matériel.

Nous avons peu de détails sur cette année d'une responsabilité encore mitigée pour la nouvelle professe, si ce n'est sa participation au Pèlerinage National; mais, en janvier 1889, la croix allait devenir plus lourde. Le nid préparé pour le noviciat, au numéro 14 de la rue Berton, dans le quartier de Passy, allait enfin recevoir ses hôtes. Pourtant, beaucoup restait à faire. La chapelle était encore en construction, mais Mère Marie du Christ décida qu'on en établirait une provisoire, que l'exode aurait lieu vers la mi-janvier, et que les novices achèveraient elles-mêmes l'installation. La maison de Sèvres devenait, de ce fait, maison particulière : les vingt orphelines qu'on y élevait y resteraient avec sept Oblates sous la direction de Sœur Marie de la Croix.

Donc, le 15 janvier, après la Messe, la communauté chanta le *Miserere*, pour demander pardon à Dieu des fautes commises dans la maison, et le *Te Deum*, en remerciement des grâces reçues, car toutes les Sœurs, en effet, avaient commencé là leur vie religieuse; plusieurs y avaient pris l'habit et prononcé leurs vœux.

Ensuite, on défila en procession, pour venir baiser la marche de l'autel, selon la recommandation du P. Picard. Puis, vint le déjeuner qui se termina par les adieux des partantes aux restantes, au milieu de l'émotion générale. La nouvelle supérieure n'était pas la moins émue, quoiqu'elle n'en laissât rien paraître. Après le départ du cher noviciat dont elle était désormais séparée, quand elle vit les salles et les allées de cette demeure, tout à l'heure encore si vivante, devenues un désert, son cœur se serra; quand elle sentit la responsabilité peser sur elle, si prématurément, lui semblait-il, elle éprouva comme un écrasement. Elle avouait elle-même, après bien des années, à l'auteur de ces pages, que lorsqu'elle s'était vue au moment de devoir faire, pour la première fois, le Chapitre, elle s'était réfugiée dans sa cellule pour y pleurer secrètement, demandant à Notre-Seigneur de soutenir et d'aider ce que, dans sa modestie, elle appelait son incapacité et son inexpérience. Son obéissance et son énergie étaient telles, que personne, autour d'elle, ne put soupçonner la lutte intérieure qu'elle soutenait. Elle n'épanchait son âme qu'auprès du P. Picard qui lui répondait de Livry le 20 juillet :

Tant mieux que la charge vous pèse, ma chère fille. je serais désolé que vous la portiez gaiement. La charge d'une âme est lourde; la charge de plusieurs âmes est plus lourde encore. A Dieu de la porter, à la créature d'être l'instrument du bon Dieu. Elle doit avoir confiance et marcher sans crainte; mais sans l'humilité et la prière, cette confiance est impossible.

Priez donc, soyez humble, et donnez l'exemple de la mortification, de la douceur, de la régularité. N'acceptez ni les jugements déplacés, ni les bavardages, ni les égoïsmes, ni les grimaces. Soyons à Notre-Seigneur.

Voici les termes très simples dans lesquels elle apprend à ses parents sa nomination :

Sèvres, 18 janvier 1889.

Bien chers frère et sœur,

C'est toujours au galop que je vous lance un mot. C'est ainsi qu'on agit à l'Assomption et c'est de cette manière que votre sœur a été bombardée supérieure à Sèvres.

Heureusement que chez nous, rien n'est définitif

et qu'on descend aussi prestement qu'on monte. C'est un bon espoir laissé aux pauvres créatures comme moi qui, sans aucune expérience, sont chargées de responsabilités bien lourdes. On a besoin de bien compter sur le bon Dieu pour les accepter. Vous m'aiderez à les porter par vos prières.

J'attends des nouvelles de tous. Maman est un peu en retard cette fois. Elle m'a tellement gâtée tous ces temps-ci qu'il me paraît étrange de n'avoir rien reçu d'elle depuis quelques jours. Ceci n'est pas un reproche. J'espère d'ailleurs qu'elle ne se fera plus attendre longtemps.

Adieu, frère et sœur chéris, je vous embrasse comme je vous aime.

Rose.

Elle n'y fait pas plus de mention de sa souffrance intime que de cas de sa dignité, et la façon très leste dont elle l'annonce montre qu'elle suppose bien les siens dans la même disposition. La conséquence de tant d'esprit de foi, d'obéissance simple et modeste, n'était pas douteuse. Mère Marie de la Croix se révéla bientôt par ses rares aptitudes au gouvernement, comme devant devenir l'une des têtes de la Congrégation.

D'abord elle donne à la maison de Sèvres l'organisation que comportent ses nouvelles fins. La chapelle en bois, grande, sinon belle, qui a vu tant d'événements familiaux et rappelle à toutes de si doux souvenirs, doit être abandonnée pour une pièce de dimensions plus modestes, dénommée jusqu'alors « chambre bleue ».

On a du moins la consolation de conserver l'office au chœur, malgré le nombre restreint des religieuses. Les dimanches et les jours de fête, d'ailleurs, les enfants, heureuses et fières de renforcer les chants, participent aux cérémonies. Leur nombre augmente tous les jours. La bonté de la Mère à leur égard se révèle par mille attentions délicates.

Mais si son œil vigilant est ouvert sur les corps, elle ne néglige pas pour cela les âmes. Les fillettes reçoivent, avec les principes d'une piété solide, une éducation morale forte et simple, qui les prépare à une vie de travail honnête et consciencieux. On leur donne une bonne instruction primaire, et on les initie à tous les travaux pratiques : couture, lessive, ménage, repassage, cuisine, jardinage. Un Père vient chaque semaine distribuer à tout le moustier sévrien la parole de Dieu. C'est la vie de prière, de labeur joyeux et paisible sous le regard du Maître. L'influenza sévit fortement au cours de l'hiver sur les enfants et sur les Sœurs. La Mère reçoit sans agitation ni plainte la fâcheuse visite, se dévoue pour toutes et s'en tire comme elle peut.

De-ci et de-là, une affaire l'appelle au noviciat, mais c'est en temps de silence, et les anciennes, qui la voient passer sans rien pouvoir lui dire, expriment, dans la lettre générale, le regret de ne pas profiter de sa présence.

Pendant l'été, plus d'une fois, la communauté du Cours la Reine envoie le dimanche un essaim de ses abeilles laborieuses à la maison de Sèvres. Nous lisons dans les archives que le 28 juillet 1889, vingt-cinq Oblates viennent y passer la journée. Un Père venu de Livry chante la Messe à 9 heures. On solennise l'office complet : Petites Heures, Vêpres et Complies, quoique sans orgue, puisque l'on n'en possède pas. Dans ces pieuses cérémonies, suivies d'agapes fraternelles, et d'un repos bienfaisant sous les frais ombrages du petit bosquet ou des gros tilleuls, l'âme se retrempe autant que le corps, grâce à l'accueil toujours si hospitalier de la supérieure. Aussi les Sœurs malades y viennent en convalescence réparer leurs forces épuisées.

En mars 1890, le mobilier de la chapelle s'enrichit enfin d'un orgue, et d'un orgue d'Alexandre ! Gros événement pour la pauvre petite maison. Probablement l'ingéniosité personnelle de Mère Marie de la Croix n'est pas étrangère à l'apparition de ce meuble dont la présence importait si fort à la pompe des cérémonies religieuses.

Comme on le voit, ce séjour à Sèvres s'écoule sans rien de notable. Tout marche bien. Les peuples heureux n'ont pas d'histoire. On ne trouve dans les lettres générales de l'époque

que de courtes et rares mentions sur l'orphelinat. Mère Marie de la Croix, tout entière aux devoirs de sa charge, écrit alors très peu. Nous citerons pourtant de cette période deux lettres à sa famille, parce qu'elles ajoutent des traits intéressants et inédits au portrait connu :

Sèvres, le 22 mars 1889.

CHERS FRÈRE ET SŒUR,

Un mot au galop avant une instruction que je vais faire sans l'avoir presque préparée. Si je remettais l'expédition de ma lettre, peut-être ne partirait-elle pas.

Vous êtes tous bien dans les transes en ce moment, et sans les attaches qui me retiennent ici, il m'eût été bien doux d'être auprès de vous pour porter ma part de fatigue et d'inquiétude.

Je souffre de la privation de vous voir et de la déception que je vous impose; mais le devoir doit nous rendre énergiques. Je ne voudrais pas voir maman désespérer à tout jamais de me voir. Elle a déjà obtenu beaucoup et peut obtenir encore. Ma supériorité lui pèse au moins autant qu'à moi. Mais il faut songer aussi que ce qui pèse est souvent le meilleur moyen de sanctification.

Or, n'est-ce pas à cela que nous devons viser avant tout?

Je ne dis rien de l'indisposition de mon cher frère; elle a disparu et ne reviendra pas, j'espère.

Et de ma petite sœur, on ne me dit rien; ce qui me fait croire qu'elle porte bravement son état, et qu'elle fait son Carême en déjeunant au moins trois fois par jour.

Continuez l'un et l'autre à vous bien porter, et comptez sur l'affection et les prières de votre sœur, même quand elle est obligée de vous imposer un sacrifice en se l'imposant à elle-même.

Je vous embrasse de tout cœur,

ROSE.

Sèvres, le 1er mai 1889.

MON BIEN CHER FRÈRE,

Tu ne te doutes pas que je fête le 3 mai, l'anniversaire de ta naissance; je me joins à ma chère petite sœur et à toute la famille pour rendre grâces et pour demander que de grandes bénédictions te soient données.

C'est une grande faveur d'être né le jour de l'Invention de la Sainte-Croix.

La joie des chrétiens fut immense lorsqu'ils apprirent que la grande impératrice Hélène avait enfin découvert la Croix du Roi du ciel. Cette Croix, devenue l'objet de nos adorations, nous doit être bien chère; nous la devons aimer plus que tout au monde, car c'est par elle qu'est assuré notre bonheur.

Je ne prétends pas te souhaiter une vie de douleurs et d'amertumes. Ce vœu ne serait sans doute pas bien accueilli, mais ce que je désire c'est que la croix soit pour toi et pour tous les nôtres l'appui, la sauvegarde, l'espérance en toutes les circonstances difficiles.

Par une heureuse coïncidence, on a choisi ici le

3 mai pour ma fête; j'en ai été doublement heureuse parce que j'aime bien les fêtes de la Croix, et aussi parce que nous sommes ou au moins nous paraissons plus unis. — Nous l'étions bien sans cela. — Ainsi pendant que je remercierai le bon Dieu de m'avoir donné un frère que j'aime bien, ce frère demandera de son côté que je devienne bonne religieuse, et que je porte dignement mon nom. Et dans cet échange de vœux, de prières et d'actions de grâces, nous serons heureux de sentir combien, à distance, nous sommes unis de cœur.

Ma chère petite sœur, faire des vœux pour votre cher mari, c'est les faire aussi pour vous. Tout est commun entre vous; dire que je suis heureuse d'avoir un si bon frère, c'est dire aussi que je ne le suis pas moins d'avoir une excellente et bien chère sœur qui a accepté la mission de me remplacer auprès de lui et des miens. De cela aussi je remercie Dieu tous les jours, il n'est pas nécessaire d'attendre une date mémorable pour le faire. Je le remercierai bien plus encore quand il vous aura donné le petit ange tant désiré (1). Saint Joseph va, je pense, s'intéresser beaucoup à vous : il a sa nappe; en échange, il doit bien faire quelque chose pour vous.

Je l'ai portée samedi au P. Picard — la nappe. — Il l'a trouvée bien jolie et vous en remercie mille fois. Il m'a dit qu'il n'avait pas besoin de ça pour prier

____

(1) Cette espérance fut malheureusement déçue. En 1892, seulement, naquit sa nièce, Marie-Josèphe, qui devait rester l'unique joie du foyer, un fils né en 1894 n'ayant vécu que quelques mois.

pour vous. mais qu'il priera et fera prier un peu mieux s'il est possible.

Adieu, bien chers frère et sœur, je vous embrasse comme je vous aime.

ROSE.

Combien touchante cette tendresse pour chacun des siens, toujours auréolée de surnaturel! Comme elle s'associe saintement à leurs espérances et à leurs angoisses, prenant de là occasion de les ramener sans cesse à la pensée de Dieu! Le nom de la Croix lui convient certes à beaucoup de titres. Son goût pour l'austérité et la mortification l'attire vers le mystère sanglant dont elle aime particulièrement les fêtes, comme elle le dit ici. De plus, sa destinée, sans qu'elle le sache encore, sera de consumer sa vie religieuse dans cette œuvre de la Bonne Presse dont le vocable est pareil au sien. Mais la coïncidence qui place l'anniversaire de son cher Louis en même temps que sa fête religieuse, l'Invention de la Sainte Croix, sourit tout spécialement à son cœur. Combien gracieusement elle fait observer à l'intéressé cette rencontre qui semble resserrer avec lui, au surnaturel, un lien si fort et si doux!

L'année ne devait pas s'achever sans apporter à la famille Jouet une autre épreuve que Mère Marie de la Croix ressentit douloureusement : ce fut la mort de sa tante paternelle qu'elle avait tendrement aimée, et qui l'avait jadis initiée aux œuvres d'apostolat dont elle avait assumé la charge.

Mlle Rose Jouet-Payré avait terminé par une longue et cruelle maladie, dont le martyre avait été supporté sans un mot de plainte, une existence saintement remplie.

Le P. Picard, connaissant les liens d'intimité qui unissaient la tante et la nièce, envoie à cette dernière, le 20 novembre 1889, des consolations qu'il savait nécessaires :

MA CHÈRE FILLE.

Le bon Dieu a délivré votre pauvre tante; il récompense maintenant sa longue et douloureuse épreuve qu'il a permise pour la purification de cette chère âme. Remercions-le dans la douleur comme dans la joie. J'ai bien pensé à vous et à vos pauvres parents. Je vous ai recommandés aux prières de toute la communauté. Nous nous sommes associés à votre douleur, et votre chère défunte a eu large part au mémento de ces jours-ci. Nous formons la même famille : il est donc bien juste que les souffrances soient mises en commun, et que nous puissions compter les uns sur les autres. Du courage, ma chère fille, croyez que je vous suis bien uni en ces jours de tristesse et que vous pouvez compter sur votre Père.

Le supériorat de Mère Marie de la Croix à Sèvres ne dura que quinze mois. Dès le 10 avril 1890, elle était appelée à la Bonne Presse, comme directrice de l'atelier de composition, en remplacement de Mère Marie de la Compassion, avec qui elle changeait de poste. Les enfants pleurèrent cette mère qui leur avait fait tant de bien pendant son court passage; mais elle, tout en partageant les regrets de ses chères petites, auxquelles elle était déjà très attachée, se réjouissait de rentrer dans les rangs dont elle n'était sortie que contre son gré, trouvant plus facile et plus sûr d'obéir que de commander. Toutefois, sa libération devait être courte. Au bout d'un an, le 11 avril 1891, Sœur Marie de la Croix était nommée supérieure des ateliers de la Bonne Presse. Mère Marie du Christ, qui était restée jusque-là supérieure en titre des deux maisons de Passy et du Cours la Reine, ne pouvait plus continuer, vu les importants accroissements de cette dernière, à assumer la double charge. De concert avec le P. Picard, elle avait jeté les yeux sur Sœur Marie de la Croix, comme étant le sujet le plus capable de porter une aussi lourde responsabilité.

Mais avant de montrer l'action de Mlle Jouet dans cette œuvre qui allait être le théâtre définitif de son zèle, nous devons, de peur d'interrompre ensuite notre récit par un épisode étranger, parler ici de la mission qu'elle eut à remplir à Nîmes, au cours de cette même année 1891, quatre mois après sa promotion.

CHAPITRE VI

Nîmes

Depuis longtemps, Mère Marie du Christ désirait voir une maison de la Congrégation se rétablir dans cette cité nîmoise, berceau de la famille assomptioniste. Le moment paraissait propice; on pouvait disposer de l'ancien alumnat Saint-Augustin, situé rue Sainte-Perpétue. Néanmoins, la position était délicate, il y fallait un doigté exceptionnel. Personne ne paraissait plus apte que Mère Marie de la Croix à cette mission de confiance. Les supérieurs majeurs jugèrent nécessaire, en cette occurrence, de la distraire pour quelques mois du gouvernement des ateliers, afin qu'elle pût organiser la fondation du Midi et aplanir les premières difficultés. Elle partit donc le 10 août 1891 avec quatre Sœurs. L'une d'elles nous a donné les détails qui suivent :

On arriva le 11 au soir. Le P. Alexis et deux Petites-Sœurs de l'Assomption, qui attendaient les voyageuses, les conduisirent à leur nouvelle demeure, immeuble abandonné depuis plusieurs mois, et de ce fait, dans un état de malpropreté facile à imaginer. Une brave personne, amie de la famille, avait préparé un repas, après lequel la supérieure, soucieuse uniquement de la santé de ses filles, les envoya toutes prendre un repos bien mérité. Pour elle, qui se prétendait inaccesible à la fatigue, elle fit le tour de la maison en quête d'un balai quelconque, qu'elle finit par trouver, et se mit en devoir de nettoyer et de préparer la chapelle pour la Messe que devait dire le lendemain le P. Edmond. Elle ne se coucha que lorsque tout fut terminé. Fidèle aux traditions de l'Assomption, qui font dater chaque fondation de la prise de possession du divin Maître, elle ne voulait pas différer, même d'un jour, la célébration de la première Messe.

Le lendemain matin, après le Saint Sacrifice, au cours duquel le Père eut la bonté de faire une courte allocution, la première pensée de la petite communauté fut de se rendre au tombeau du P. d'Alzon, afin d'implorer sa bénédiction sur l'œuvre naissante. Au retour, quelle ne fut pas la confusion des Oblates de trouver les Petites-Sœurs occupées à déblayer le logis! On eut beau prier, insister, il fut impossible d'amener les obligeantes Marthes à se désister de leurs charitables prétentions. A l'inverse de la sainte amie de Jésus, elles réclamaient la peine et la besogne au lieu de s'en plaindre. Combien cette cordialité familiale était réconfortante et aimable pour les arrivantes !

Les jours suivants sont consacrés aux nettoyages. Le travail matériel, fait silencieusement, sous la direction et avec l'efficace collaboration de Mère Marie de la Croix, laisse l'esprit libre de prier et d'accomplir la récollection préparatoire à l'Assomption, car la vie régulière est déjà établie.

Le 15 août, le P. Picard écrit de Livry sa joie à la petite communauté :

Bonnes fêtes, mes chères filles, vous êtes la garde d'honneur au tombeau du Père, au nom des Oblates de l'Assomption. Quelle joie de vous revoir à Nîmes ! Croyez bien que j'y suis avec vous et que j'ai bien prié pour cette reprise de possession. Soyez dignes de votre rôle, et que l'Assomption grandisse auprès du cher tombeau.

En ce jour de la grande fête familiale a lieu la rénovation des vœux à la Messe du P. Alexis. Une cinquantaine de dames y assistent. La nouvelle de l'arrivée des Oblates s'est déjà répandue en ville, et c'est à qui viendra les voir et les fêter. On leur demande pour quelle œuvre elles viennent, et lorsqu'elles disent :

— Nous venons pour nous occuper des pauvres.

— Ah ! vous êtes bien les filles du P. d'Alzon,

répond-on, puisque vous vous occupez des pauvres!

Le souvenir du fondateur est resté si vivant et si vénéré, qu'il couvre ses enfants d'une ombre tutélaire et leur assure toutes les sympathies.

Un grand ami de l'Assomption, M. l'abbé Barnoin, qui leur avait fait le plus chaleureux accueil, et leur offre de visiter son orphelinat, dit qu'il va prier sur la tombe du P. d'Alzon quand il rencontre une difficulté, tant il a de confiance en lui. Il annonce aux Sœurs beaucoup d'élèves pour l'école qu'elles vont ouvrir. En effet, on s'occupe déjà de faire la déclaration ; les démarches ne sont pas faciles ; il ne faut pas moins que le savoir-faire et la fermeté de la supérieure pour conduire à bonne fin les négociations, sans amener aucun des inconvénients redoutés.

Les parents de Mère Marie de la Croix se réjouirent en voyant leur fille se rapprocher de Narbonne. Ils devaient caresser l'espérance de la revoir plus souvent. Les prières de la fervente religieuse et la grâce divine produisaient déjà leur fruit. L'irritation des premiers jours avait fait place au dévouement le plus affectueux et le plus empressé pour l'Assomption. Quand le P. Picard, au cours de ses tournées dans le Midi, se rendait à Nîmes, il s'arrêtait souvent à Narbonne, dans la famille Jouet, ou bien il la rencontrait à Amélie-les-Bains, et il y recevait toujours l'accueil le plus chaleureux et le plus délicat.

Le P. An... (1) écrit d'Amélie le 1ᵉʳ décembre 1890 à Mère Marie de la Croix :

Votre maman vient de nous quitter, après nous avoir rempli notre garde-manger. J'ai demandé en toute simplicité, et on m'a donné de même. Vous voyez que je vous ai obéi. Le temps n'a pas été beau ; mais votre maman a pu prendre ses bains, et elle paraît assez contente de son séjour ici. Le P. Picard lui a promis de s'arrêter quelques jours à Narbonne à son retour. Vous comprenez la joie de votre maman. Mais je pense aussi que ce sera un peu triste, vous n'étant pas là.

Le P. Picard ajoute le 2 décembre :

— Madame votre mère nous a comblés de douceurs et de friandises. Remerciez-la avec nous.

Il tint la promesse qu'il avait faite et passa par Narbonne au retour. Il ne pouvait refuser cette faveur à la mère qui avait donné pour Dieu une pareille fille. La présence et la parole du bon Père possédaient le don de panser la blessure, en y versant le baume surnaturel. Il écrit

---

(1) C'était le Père qui accompagnait le P. Picard et écrivait en son nom.

d'Amélie à Mère Marie de la Croix, le 6 janvier 1891 au sujet de cette visite :

Je suis très content de mon séjour à Narbonne. Vos parents ont été admirables de bonté. J'espère que mon séjour leur aura fait plaisir.

Des lettres témoignent qu'il y repassa encore à la fin du mois. A chaque visite, et même sans visite, la bonne Mme Jouet est heureuse de combler le Père de ses maternelles gâteries. Ce sera comme un aimable usage traditionnel qu'elle continuera jusqu'à la mort du Père. La correspondance en fait foi.

J'ai été bien content de revoir votre chère famille toujours aimable et si dévouée. Monsieur votre père allait assez bien, ainsi que Madame votre mère. Je ne parle pas de votre frère, il est robuste et toujours bon. Il est heureux d'avoir une petite fille. Madame votre belle-sœur était obligée de garder la chambre; il faisait très froid. M. l'abbé Souleyrac était venu à la gare avec Monsieur votre père, il allait bien. Votre oncle est toujours fort malgré son âge. On nous a comblés de gâteries. (Amélie, 28 janvier 1893.)

Remerciez Madame votre mère qui nous a gâtés à notre passage, comme d'habitude. Par elle, nous avons toujours eu des gâteries. (Amélie, 17 février 1893).

J'ai vu vos parents au passage. Ils sont toujours admirablement bons. Monsieur votre père ne descen-

dait pas. Votre belle-sœur était un peu souffrante.
(*Amélie,* 24 novembre 1893.)

A l'époque où nous sommes, c'est-à-dire en
août 1891, le P. Picard et la Mère Marie du
Christ eurent pour la famille Jouet la délicate
attention d'envoyer Mère Marie de la Croix
chercher à Narbonne le train de Pèlerinage,
afin de le conduire à Lourdes et de le ramener.
Ce fut un rayon de soleil pour les cœurs qui,
bien que résignés, souffraient toujours d'un
vide immense.

Pendant ce voyage, Sœur Marie de B...,
chargée de la maison, reçoit les visites les plus
diverses : religieux, vicaires généraux, plom-
biers, maçons, serruriers, vitriers. Les travaux
nécessaires commencent. L'œuvre va s'organiser. La Mère, à son retour, s'occupe de réunir
les jeunes filles qui se dévouent au soin des
malades, puis les Dames de Notre-Dame des
Vocations, déjà au nombre de cinquante. Le
30 août, pour Notre-Dame de Consolation, on
célèbre à la chapelle le premier Salut : les gens
du quartier en sont tout heureux. On travaille
activement à tout mettre en état pour la rentrée
du 5 octobre. Un grand événement interrompt
un moment la besogne. Le 2 septembre, un
convoi de cinq Oblates, en route pour l'Orient,
s'arrête à Nîmes au tombeau du P. d'Alzon. La
cordialité prévenante et attentive de la Mère fait

de ce passage une joie fraternelle réciproque. On ne saurait dire si le bonheur était plus grand pour les visiteuses ou pour les visitées.

Le 14 septembre, la communauté arrive par surprise à fêter, pour l'Exaltation de la Sainte Croix, la Mère qui est bien obligée de subir compliment, chant et séance (colloque du Christ avec sa Mère avant la Cène). Tout a été préparé d'un cœur si filialement joyeux, qu'il y aurait cruauté à refuser d'entendre les artistes et les poètes. Elle se laisse donc faire quoique à regret, parce qu'il s'agit d'elle-même, mais, quelques jours après, elle avise Sœur Marie de B..., grand manitou de la communauté en matière de représentations et discours, d'avoir à préparer quelque chose pour Mère F.-M..., une de ses compagnes, dont la fête tombe la veille de la rentrée, et doit être suivie de son départ pour l'Orient. Sœur Marie de B... imagina de représenter l'*Athalie,* de Racine — rien que cela, — en confiant deux rôles à chacune des quatre Sœurs disponibles, Mère F.-M... devant composer tout le public. Des manches à balai, habillés de tentures, figurèrent des soldats ; et des chaises, habillées de draps de lits, représentaient les jeunes filles du chœur. Mère Marie de la Croix se prêta à tout ce qu'on voulut, elle accepta d'apprendre deux rôles, se laissa attifer au gré de ses filles avec la plus charmante simplicité.

La représentation, très appréciée d'abord de l'unique spectatrice, provoqua une telle hilarité dans la communauté, que plus d'une fois les graves personnages eurent peine à retrouver leur sérieux.

Cet incident paraîtra bien puéril. Mais n'est-il pas touchant autant qu'édifiant de voir cette personne si sérieuse et si grave, étrangère à tout besoin de distraction, se plier avec une aussi aimable condescendance aux enfantillages des esprits plus jeunes pour qui la détente est une nécessité? Elle savait que la joie en récréation favorise la ferveur, et quoiqu'elle n'eût pas l'initiative de la note comique, elle l'encourageait volontiers chez les autres.

Elle s'ingéniait à procurer le bonheur autour d'elle, écrit une survivante de cette époque; aussi, malgré notre grande pauvreté, nous étions heureuses sous sa houlette, ferventes aussi. Comment ne pas l'être avec les exemples qu'elle nous donnait!

Après la rentrée d'octobre et le départ de Mère F.-M... pour la mission, deux Sœurs étant prises aux classes, Mère Marie de la Croix restait seule avec une autre peu valide pour le travail de la maison. Elle s'ingénia pour suffire à tout. On la voyait successivement sacristine, cuisinière, lessiveuse, repasseuse, lingère. Le jeudi, les maîtresses voulaient l'aider, mais elle s'arrangeait habilement pour que le renfort arrivât presque toujours comme les carabiniers après la bataille. Elle préférait que les Sœurs des classes prissent un peu d'air et de détente. Elle les emmenait avec elle au marché, et, au retour, elle préparait quelque petit dessert supplémentaire, en montrant à ses Sœurs comment s'y prendre pour réussir. L'intérêt qu'elle portait aux enfants n'était pas moindre et se manifestait par de maternelles gâteries. Toujours ingénieuse, elle trouvait le moyen, malgré la pauvreté de la fondation naissante, de venir en aide aux plus nécessiteuses.

A l'occasion de la Toussaint, elle les conduisit toutes au cimetière déposer une croix et une couronne de fleurs, façonnées par elle, sur la tombe du P. d'Alzon, dont elle voulait entretenir le souvenir reconnaissant et admiratif dans ces jeunes âmes. Attachée de plein cœur à la famille assomptioniste, elle conservait avec un soin jaloux tout ce qui pouvait en entretenir l'esprit en gardant le culte de ses origines. Ce qu'elle cherchait avant tout, c'était à donner une foi solide aux enfants; aussi, elle obtint qu'un des Pères du collège commençât bientôt les cours de catéchisme. Le nombre des élèves atteignait près de cinquante; c'était magnifique pour un début; on aimait à voir dans ce succès l'effet de la protection du saint fondateur.

Il survint pourtant une petite épreuve. On dut

faire connaissance avec le mistral qui provoqua dans la maison des dégâts, et, par suite, une inondation. La communauté en prit joyeusement son parti, à l'exemple de sa supérieure, qui ne s'embarrassait pas pour si peu. On se figura être à Venise, et, pour remplacer les gondoles absentes, la Mère acheta à tout le monde des sabots.

A la voir ainsi sans cesse alerte à toute besogne, sans se départir jamais de cette joie calme, contenue, toujours égale, que nous avons si bien connue, personne autour d'elle ne soupçonnait ce qu'elle souffrait. Pourtant, elle était sur le Calvaire; les lettres du P. Picard en témoignent :

Portez votre nom « Marie de la Croix », lui écrit-il de Phanaraki le 25 septembre, et comme votre Mère du ciel, réjouissez-vous d'avoir une place de choix auprès du Calvaire. Votre Calvaire en ce moment, c'est Nîmes. Restez-y jusqu'à ce qu'arrive une remplaçante.

Et le 5 octobre :

Soyez d'autant plus heureuse, ma chère fille, que vous y êtes moins portée. La vie à Nîmes demande patience, abnégation et humilité. Ces vertus sont nécessaires partout. Remerciez Notre-Seigneur de vous mettre dans la nécessité de les pratiquer.

On aura résumé le séjour de quatre mois que fit à Nîmes Mère Marie de la Croix, quand on aura dit « qu'elle y passa en faisant le bien », comme partout ailleurs où l'obéissance l'envoya. Ses exemples de ferveur, de mortification, de régularité, d'oubli de soi, étaient si communicatifs, que ses compagnes d'alors, après bien des années, en parlent encore avec enthousiasme.

Mais l'œuvre était suffisamment constituée. Mère Marie de la Croix la remit en d'autres mains, et, le 10 décembre 1891, elle revint prendre au Cours la Reine, où elle était rappelée par Mère Marie du Christ et impatiemment attendue par ses filles, les fonctions dont elle ne devait plus être relevée jusqu'à sa mort.

La grande salle actuelle du pliage et du brochage (quatrième étage)
de la Maison de la Bonne Presse.

CHAPITRE VII

Les ateliers du Cours la Reine

Qu'était-ce que cette œuvre à laquelle Mère Marie de la Croix allait consacrer sa vie? Il ne rentre pas dans notre cadre restreint de raconter comment fut créée la Bonne Presse, d'où sortirent successivement tant de puissants engins pour la lutte contre l'erreur et l'impiété. Nous renvoyons ceux qui désirent le savoir à l'intéressante *Vie du P. Vincent de Paul*, par Lacoste (1), dont nous avons tiré de nombreux détails.

Nous nous bornerons à rappeler, en quelques pages, le rôle des Oblates dans l'exécution de la géniale création du P. Vincent de Paul Bailly, sous le haut et surnaturel contrôle du P. Picard.

Les débuts furent héroïques : quelques pieuses femmes et jeunes filles, apôtres de Notre-Dame de Salut, s'occupaient, dans un petit appartement, situé avenue Montaigne, de plier et d'expédier la *Croix-Revue* et le *Pèlerin*, sous

______

(1) *Vie du P. Vincent de Paul Bailly*, par Lacoste. Bonne Presse, 5, rue Bayard. Prix : 3 francs; port, o fr. 45.

la direction de l'une d'elles, qui devint plus tard Sœur Saint-Jean. Mais quand la *Croix* fut devenue, en juin 1883, un journal quotidien, il fallut une autre installation plus vaste, sinon encore confortable. Le 8 décembre de la même année, l'hôtel du numéro 20, Cours la Reine, comprenant seulement deux étages, plus un entresol, avec quelques chalets dépendants sur cour, s'ouvrit pour le premier atelier d'Oblates du journal. Deux Sœurs, qui connaissaient la typographie et la correction, enseignèrent à leurs compagnes ce métier bien nouveau pour elles. Bientôt elles s'adjoignirent des ouvrières du dehors dont le nombre augmenta graduellement à mesure que les locaux s'agrandirent. On acquit, en 1884, l'atelier de Gustave Doré, au numéro 3 de la rue Bayard, puis l'immeuble du numéro 5. De nouvelles constructions s'élevèrent, dont la chapelle en 1886 et deux ateliers : l'un pour la typographie, l'autre pour le pliage et l'expédition des journaux.

Jusque-là la *Croix* avait été imprimée chez Dubuisson, rue Coq-Héron, et les autres publications étaient tirées à Issy, au *Moniteur*.

Mais, en 1887, la Bonne Presse eut enfin ses machines à elle; elle sortait de l'embryon. Entrant dans une ère de prospérité, elle devait arriver à faire paraître, en plus de la *Croix* quotidienne, une quarantaine de revues diverses. Et

quand Mère Marie de la Croix y vint, en 1890.
elle voyait s'ouvrir, pour son dévouement, un
champ magnifique et tout spécialement assorti
à ses merveilleuses aptitudes.

L'imprimerie de la *Croix*, outre la lutte contre
la mauvaise presse, son premier but, allait réaliser, la première, à Paris, cette autre œuvre
sociale des ateliers chrétiens. Elle devait occuper
bientôt, avec les 300 employés d'administration,
200 ouvriers et autant d'ouvrières, gagnant largement leur vie dans un milieu excellent au
double point de vue moral et religieux. Une
caisse de retraite s'intéressait à leur avenir.
Deux restaurants, établis dans la maison,
assuraient les repas pour les deux sexes au prix
de revient le plus minime.

Les ateliers féminins de typographie, de
brochure, d'expédition, et plus tard de coloris,
étaient dirigés par les religieuses qui partageaient et surveillaient les travaux. On s'occupait de l'âme des jeunes filles avec une sollicitude toute particulière; on leur facilitait la
fréquentation des sacrements. Un Père leur
donnait, chaque semaine, deux cours de religion
et une Sœur faisait aux apprenties des classes
de français et de catéchisme. Une retraite leur
était prêchée chaque année au temps de Pâques.

On pourvoyait aux besoins temporels comme
aux spirituels. Les malades étaient conduites

chez le médecin et souvent soignées maternellement. Celles que leur santé retenait chez elles
étaient visitées et secourues, recevant toujours
leur salaire pour les absences de maladie. On
procurait même le bénéfice d'un repos au grand
air à celles qui ne pouvaient le recevoir de leur
famille (1).

De ces ruches bienfaisantes, où tout était si
favorablement disposé pour l'éclosion de la piété,
devaient sortir des vocations en grand nombre.
Plusieurs de ces ouvrières de la première heure
s'attachèrent assez à l'œuvre pour vouloir y consacrer leur vie, et lui apportèrent plus tard, sous
l'habit des Oblates, le secours de leurs connais-
sances techniques pour la formation professionnelle des jeunes filles.

____

(1) La Bonne Presse vient de donner à son œuvre féminine
un complément dont le plan avait été étudié et élaboré de concert avec Mme Jouet, plusieurs mois avant sa mort; à savoir :
l'établissement de la maison Sainte-Croix, où sont reçues à
demeure des jeunes filles de treize à quinze ans, pour apprendre
la typographie, la brochure, la reliure et tout ce qui regarde la
confection des journaux et des livres. En dehors des heures de
présence à l'atelier, qui sont limitées, les apprenties sont initiées
aux soins du ménage : elles apprennent repassage, lessive,
couture et reçoivent un complément d'éducation intellectuelle,
morale et religieuse. Après cinq années d'apprentissage, elles
sont capables, non seulement de gagner largement leur vie,
mais encore de devenir plus tard des femmes d'intérieur, chrétiennes, sérieuses et économes. Elles doivent sortir de la maison
Sainte-Croix au bout de cinq ans, et reçoivent alors une certaine somme indiquée dans le contrat d'apprentissage; elles
peuvent demeurer comme ouvrières à la Bonne Presse si elles
le désirent.

Une partie de l'atelier de la composition du Labeur
dans la Maison de la Bonne Presse.

On s'imagine aisément que le rôle des religieuses, dans cette œuvre originale, avait quelque chose d'assez nouveau et de très imprévu, du moins dans les premières années. Il fallait .s'adapter rapidement à des travaux pour lesquels on n'avait pas reçu en général de préparation technique, et où, par conséquent, on n'était guère compétent.

Mais les Oblates, créées pour être les auxiliaires des Pères, doivent se prêter à tout, quand il est question de la gloire de Dieu et du salut du prochain. Comme les saintes femmes qui suivaient Notre-Seigneur et les apôtres, pour leur rendre d'obscurs et dévoués services dans leurs labeurs féconds, elles sont faites pour se dévouer, sans que leur nom reste attaché à une œuvre plutôt qu'à une autre. Hôpitaux, écoles, missions, ateliers, etc., elles doivent être capables de tous les genres d'immolation, sans que la gloire d'aucune puisse leur appartenir en propre.

La piété si sérieuse et si vraie de Mère Marie de la Croix, absolument ennemie de toute réclame, ambitieuse seulement de ce qui est, et aucunement de ce qui paraît, devait se complaire dans cette voie austère. Son âme, oublieuse d'elle-même à un rare degré, en fut séduite, et la séduction dura trente ans — sa vie religieuse entière, — dans la fidélité incomparable d'un dévouement de toutes les minutes, s'étendant jusqu'aux plus infimes détails, sans que la moindre lassitude, le moindre refroidissement, trahît l'ombre d'une défaillance. Elle comprit et réalisa sa vocation d'Oblate dans toute sa plénitude : *Etre à la disposition de nos Pères pour leur faciliter toutes les œuvres apostoliques au prix de n'importe quel labeur et de n'importe quel sacrifice.* Nulle ne poussa jamais plus loin le souci de remplir ce but de l'Institut : elle lui a vraiment consacré sa vie, et a concentré sur lui toutes les forces vives de cœur, d'intelligence et de volonté dont elle était si largement douée. Ayant saisi la pensée des PP. Picard et Bailly sur l'œuvre en question, elle s'y adapta très vite, grâce à un sens pratique merveilleux, et il sembla bien à sa conduite, quoiqu'elle n'en eût jamais rien dit à personne, qu'elle se fût prescrit d'ignorer l'impossibilité quand il s'agissait d'exécuter un simple désir de leur part.

Aussi le savaient-ils : pour eux, lui confier un projet c'était, pour ainsi dire, prononcer le *Fiat lux*.

Dès son apparition au Cours la Reine, d'abord comme directrice d'atelier, et ensuite comme supérieure, nous voyons se multiplier rapidement dans l'ordre naturel et surnaturel les heureuses innovations conçues par les Pères et réalisées par son intrépide initiative. C'est grâce à elle que, dès 1890, les jours de la Nativité et de la Résurrection sont pour le personnel masculin de vraies fêtes de famille. Chaque année, le 25 décembre, après la Messe de minuit solennellement chantée par le P. Bailly dans la chapelle de la Bonne Presse, elle faisait préparer pour les employés, qui y assistaient tous volontiers et y communiaient en grand nombre, un réveillon suivi d'une loterie, même de deux. La première, une tombola, comportant de petits objets de menue valeur, était honnêtement livrée au sort. Pour la deuxième, dont les lots étaient plus importants, le hasard aveugle était guidé par une main habile qui attribuait ingénieusement les cadeaux les mieux appropriés, soit aux pères de familles, soit aux célibataires (1).

Quand le tirage de la loterie était achevé, vers 3 heures du matin, la chère Mère, avant de se coucher, garnissait encore de petits cadeaux les souliers que les jeunes Sœurs, comme des enfants, avaient déposés dans sa cheminée. La nuit y passait à peu près entière, mais peu lui importait,

---

(1) A ce propos, rappelons un trait amusant du P. Vincent de Paul Bailly : A une de ces fêtes de Noël, il prenait la parole avant le tirage des loteries pour les annoncer aux employés; le bon Père, malhabile à toute supercherie, même innocente, commence en ces termes : « Mes amis, nous allons avoir deux loteries : la première sérieuse, et l'autre... » Et Sœur Saint-Jean, très inquiète de ce qui va suivre, de l'interrompre vivement à mi-voix : « Et l'autre aussi, mon Père! » Alors le Père, reprenant docilement à haute voix : « Et l'autre aussi, mes amis. »

pourvu qu'elle fît plaisir et qu'elle fît du bien.

A Pâques, la chapelle réunissait également les ouvriers pour la Messe où ils accomplissaient à peu près tous leur devoir pascal. La cérémonie était suivie d'une petite fête dont l'organisation regardait encore la Mère.

Il y avait une autre circonstance qui réunissait tous les employés de la Bonne Presse aux pieds de Notre-Seigneur pour lui faire un triomphe, c'était la Fête-Dieu. A partir de 1890 jusqu'en 1900, époque de la sécularisation, sur la demande du P. Picard, la procession du Saint Sacrement se déroula chaque année dans les ateliers de l'imprimerie. Trois reposoirs y étaient dressés : le premier dans le grand atelier féminin de pliage, au premier étage; le deuxième, dans celui des machines, chez les hommes, au rez-de-chaussée; le troisième, dans la cour. Comme le service des publications ne pouvait être suspendu, cette imposante manifestation avait toujours lieu le lundi matin, dans l'octave de la Fête-Dieu, parce que la veille dominicale, étant libre, pouvait être consacrée aux derniers préparatifs. Tout le personnel masculin et féminin s'y dévouait avec un superbe entrain. La Mère, comme toujours, veillait à tout, avec son infatigable activité. Son esprit d'organisation, dont la calme précision ne tâtonnait jamais, distribuait à chaque Sœur sa part de travail et de

Un reposoir dans l'atelier des machines de la Maison de la Bonne Presse.

responsabilité et tout paraissait se faire comme par enchantement. Sa foi et sa piété trouvaient à ce surcroît de labeur une compensation infiniment douce quand, parmi ces machines et ces ateliers où se forgeaient tant d'armes précieuses pour le bon combat, passait en bénissant le Maître et Roi de tout ce personnel respectueux et croyant, vaillante milice, qui chantait la louange divine avec une magnifique ardeur.

Il faut avoir suivi la vie intense de cette maison de 1890 à 1920 pour avoir une idée de l'écrasante besogne, de la multitude d'imprévus de toutes sortes qui, en dehors du train ordinaire, déjà très chargé, venaient assaillir la Mère, à chaque instant, pour trouver un accueil toujours aimable, un dévouement toujours aussi alerte et dispos que fertile en ressources.

En février 1891, le P. Picard, de concert avec le P. Bailly, voulut établir le premier Congrès des Comités de la *Croix*. Les réunions se tinrent dans la grande salle où sont maintenant les linotypes. Dès que Mère Marie de la Croix fut à la tête de la maison, c'est-à-dire au Congrès suivant, en 1892, elle s'engagea, sur le désir de son supérieur, non seulement à préparer les repas pour deux ou trois cents personnes, mais encore à les faire servir dans la même salle qu'il fallait aménager et déménager entre les séances, et cela, pendant trois jours de suite.

Son calme admirable et toujours souriant, dans la direction de ce branle-bas, permettait de tout mener à bien. Ainsi se trouvait facilitée par ces assemblées familiales et ces agapes fraternelles, l'union des cœurs, des intelligences et des volontés.

Chaque année, jusqu'à la guerre, vit se renouveler avec des variantes ces Congrès où la Mère déploya toujours le même dévouement alors que nos religieux si aimés ne pouvaient plus y prendre part que par leurs prières et par leurs souffrances.

Rien de ce qui pouvait contribuer à resserrer les liens de fraternité et de solidarité entre les divers collaborateurs de la Bonne Presse, formant comme une grande famille autour d'un père très aimé, n'était négligé par le fondateur. En maintes occasions, pour un jubilé, une fête, une inauguration d'atelier, un baptême de machines, le nouvel an, etc., le personnel était convié à un cordial banquet. Il va sans dire que la Mère répondait de tout.

A propos de la troisième édition de la *Croix*. qui nécessite une modification importante dans les services, nous voyons dans les annales, écrites alors de sa main :

1893. 9 janvier. — Ce soir, grande réunion des employés de la *Croix*. Ils dînent tous à la salle des Comités. Nous sommes chargées du dîner.

Trois semaines plus tard, les mêmes annales relatent :

27, 28, février, 1er mars. — Réunions du Congrès et repas des congressistes, comme l'année précédente.

3 mars. — Une partie des congressistes dîne ici au retour de Montmartre.

Et pour se délasser de ses fatigues :

4 mars. — Le P. Bailly fait dîner ici à midi les employés de l'administration et le soir les ouvriers des machines.

6 mars. — Nous faisons dîner les jeunes filles des deux ateliers; c'est une grande joie pour tout le monde.

De sa fatigue, point de mention.

Voyons plus loin comment elle se repose, ainsi que son vaillant bataillon :

7 et 8 mars. — Grands rangements et nettoyages en vue de la Vente de Charité.

10 mars. — Réunion générale de Notre-Dame des Vocations, présidée par le P. Picard. Les tapissiers commencent de préparer la salle.

13 et 14 mars. — Derniers préparatifs de la Vente.

15, 16, 17 mars. — Vente de Notre-Dame des Vocations.

18 mars. — Vérification des objets de la Vente. Rangements.

Cette œuvre de Notre-Dame des Vocations, dont le but était de procurer des ressources pour subvenir à l'entretien et à la formation des aspirants pauvres au sacerdoce et à la vie religieuse, trouva en elle une auxiliaire incomparable. L'ouvroir, qui tenait ses réunions tous les jeudis d'hiver pour la confection du trousseau des alumnistes, et la Vente de Charité du mois de mai, destinée à faire vivre le noviciat de nos Pères, étaient de sa part l'objet d'un dévouement aussi ingénieux qu'efficace. De concert avec le zélé directeur de l'œuvre, elle était sans cesse en activité pour grouper, susciter, recueillir les bonnes volontés parmi les dames de la meilleure société parisienne. Elle arrivait à faire partager à ces dernières son ardeur intrépide, et, en les enrôlant au service de la charité active, nouait avec elles des relations surnaturelles qui aboutissaient toujours au bien des âmes. Nous pourrions nommer plusieurs des anciennes vendeuses que ses sages avis ont détachées du monde et acheminées vers le cloître par les sentiers les plus ardus de la perfection. D'autres trouvaient près d'elle les conseils judicieux dans une situation difficile, ou la consolation au milieu de cruelles épreuves.

Les personnes de condition plus modeste, les ouvrières de l'atelier, qui ne pouvaient donner leur or, prélevaient sur leur temps, afin d'offrir leur travail et de confectionner pour la Vente de ravissants ouvrages, chefs-d'œuvre de délicatesse et de bon goût. La chère Mère savait enthousiasmer tout le monde pour son œuvre chérie. Démarches, correspondances, courses, préparation des derniers jours, organisation de la salle, rien ne paraissait lui coûter, tant elle y mettait son cœur. Son grand esprit de foi lui faisait estimer à si haut prix la dignité sacerdotale, que, pour créer un prêtre de plus, elle eût soulevé des montagnes. Elle fut vraiment, pendant vingt années, la cheville ouvrière de Notre-Dame des Vocations. Jusqu'à la sécularisation, la Messe mensuelle se disait à 9 heures dans la chapelle du Cours la Reine et était toujours suivie du déjeuner des Dames, membres de l'œuvre, que l'on servait dans les parloirs, malgré l'exiguïté du local. Les associées recouraient sans cesse à elle, et la trouvaient toujours disposée à leur rendre service. Son inépuisable obligeance semblait prendre à cœur de resserrer sans cesse les liens qui attachaient ces âmes dévouées à la famille assomptioniste, et le fait est qu'elle provoqua ou entretint des fidélités dont quelques-unes font encore notre admiration reconnaissante, et dont plusieurs autres ne devaient finir qu'avec la vie.

Mais puisque nous voulons donner aux lecteurs une idée de la vie intensive du Cours la Reine, nous leur demandons la permission de continuer à citer une page des *Annales* :

21, 22 mars. — Vente des Avocats de Saint-Pierre (c'était une œuvre à laquelle la Bonne Presse donnait l'hospitalité, tout comme l'ouvroir à l'Œuvre des Faubourgs).

23 mars. — Ouvroir de Notre-Dame des Vocations.

25 mars, Annonciation. — Le P. Athanase (1) dit la Messe d'actions de grâces pour la Vente de Notre-Dame des Vocations, et fait une très belle instruction.

Les dames déjeunent au nombre d'une trentaine. Le P. Picard préside leur réunion.

26 mars, Rameaux. — Réunion des Enfants du Salut. Ouverture de la retraite pascale des jeunes filles qui dure jusqu'au Jeudi-Saint.

30, 31 mars, 1ᵉʳ avril, Jeudi, Vendredi, Samedi-Saints. — Offices de la Semaine Sainte.

2 avril, Pâques. — Messe de communion et déjeuner des hommes.

Puis, c'est le départ du pèlerinage de Jérusalem le 10, avec tous les préparatifs qu'il nécessite pendant plusieurs jours.

20 avril. — Ouvroir de Notre-Dame des Vocations.

22 avril. — Messe de Notre-Dame des Vocations par le P. Athanase et déjeuner des Dames.

3 mai. — Retraite des Enfants du Salut. Messe et déjeuner.

Ce que ces simples indications, jetées à la hâte, en style télégraphique, représentaient de

____

(1) Noyé dans la catastrophe du *Chaouïa* en janvier 1919.

travail en même temps que d'obscur et surnaturel dévouement, celles-là seulement qui ont vécu ces années si pleines, et ont partagé les labeurs de la Mère, peuvent en avoir une juste idée.

C'était, tous les mois, la Messe des Apôtres du Salut, suivie du déjeuner et de la retraite, la Messe pour l'Œuvre des Vocations, suivie également du déjeuner et de la réunion-ouvroir. C'était l'hospitalité donnée à d'autres œuvres : ouvroir des faubourgs, vente des Avocats de Saint-Pierre, vente des Œuvres de Mer. C'était, deux fois par an, la préparation du linge et autres accessoires pour le pèlerinage de Jérusalem, dont le départ et le retour se passaient rarement sans le repas des pèlerins. En août, chaque année, c'était, nous l'avons dit ailleurs, la préparation du linge et des provisions pour le pèlerinage de Lourdes. C'était la réception et les repas des visiteurs de marque à la Bonne Presse. Ce fut, plus tard, l'ouvroir des Noëlistes, et, en juillet 1914, le dîner des congressistes de leur jubilé. Nous ne pouvons tout dire, car ces détails n'ont évidemment qu'un médiocre intérêt pour le lecteur auquel ils n'offrent qu'une fastidieuse banalité, mais le souci de l'exactitude nous oblige à une énumération succincte de ces faits dont l'ensemble et la continuité sont une preuve impressionnante de l'extraordinaire et persévérante abnégation de la Mère pendant ces trente années.

Chaque jour, elle faisait la tournée des ateliers, se rendant compte du travail, de l'état des esprits, reprenant, encourageant, selon les cas, s'intéressant à tout, et veillant à ce que la vie religieuse fût sérieusement maintenue. Depuis sa nomination en 1891, jusqu'au 6 janvier 1919, où elle fut terrassée par la maladie, elle s'acquitta fidèlement de cette visite quotidienne, devenue de plus en plus fatigante par l'extension des œuvres. Nulle surchage de travail ne lui fut jamais un motif de s'en dispenser.

Quand Mère Marie de la Croix paraissait à l'atelier, nous écrit Mère J... aujourd'hui maîtresse des novices, son air recueilli, son calme, son regard et son sourire, tout en elle rappelait la présence de Dieu. Sa visite était un réconfort et un stimulant pour mieux servir le Maître. Dès que je la connus, je me sentis attirée vers elle comme vers une personne du bon Dieu. Une grande bonté s'alliait en elle à une apparence de dignité austère; on la respectait, mais on l'aimait encore plus qu'on ne la craignait. Ses conseils, ses exhortations, étaient empreints d'un profond esprit de foi qui poussait au sacrifice.

Dans ces premières années de la Bonne Presse, la loi de huit heures ne réglementait pas la durée du travail qui se prolongeait à la composition et à l'expédition jusqu'à une heure assez avancée. La Mère ne manquait pas d'offrir ses services aux directrices d'atelier, et quand la *Croix du Dimanche* commença, elle venait la compter avec les Sœurs.

Je me souviens, nous dit encore Mère J... que plusieurs fois le soir au moment de l'expédition de la *Croix,* comme Mère Saint-Pierre (1) qui avait l'emploi de ramasser les journaux mis sous bande pour les porter au guichet, était sujette à de violentes migraines qu'elle portait pourtant sans se plaindre, Mère Marie de la Croix apparaissait discrètement pour prendre la place de son assistante et l'envoyer au lit.

A partir de novembre, quand l'expédition de l'*Almanach du Pèlerin* apportait un surcroît de besogne qui obligeait certaines ouvrières à veiller jusqu'à minuit, la Mère demeurait la dernière à l'ouvrage, et quand les autres allaient prendre leur repos, elle se rendait à la chapelle pour terminer ses prières fort tard dans la nuit, ce qui ne l'empêchait pas d'être la première le matin auprès du tabernacle, car pendant toute sa vie religieuse, personne ne se souvient qu'en dehors de sa grande maladie de 1898, et de celle qui l'emporta, elle ait manqué une seule fois son lever régulier de 5 heures. Bien au contraire, elle l'anticipa presque toujours.

____

(1) Assistante de la maison, morte en 1899.

Comme supérieure, elle veillait à l'accomplissement des exercices de la communauté avec une sollicitude spéciale. Elle voulait, à l'instar du P. Picard et de Mère Marie du Christ, que la prière fût aussi intense que le travail dans la maison du Cours la Reine. Jusqu'à la sécularisation, elle présida les exercices qui se faisaient en commun. En outre, chaque jour, elle disait son grand office du Bréviaire augustinien, et faisait le Chemin de la Croix. Jamais elle ne manqua, quelque surchargée qu'elle fût, à ces obligations qu'elle s'était imposées, jusqu'au moment où elle s'alita, un mois avant sa mort. Et personne, par ailleurs, ne put jamais se plaindre que son goût pour la prière la rendît inaccessible, à aucun moment, pour ses subordonnées. Elle donnait au divin Maître tous les instants qu'elle pouvait, sans rien refuser à la charité. Mais le plus souvent, elle demandait à la nuit le temps qu'elle n'avait pu trouver le jour. Avec un tel exemple, la Maison de la Bonne Presse devint une maison de prière. Les âmes qui avaient le goût de l'oraison l'y développaient, et celles qui étaient moins portées à la piété devenaient forcément pieuses dans cette ambiance.

La foi profonde et agissante, la piété éclairée et pratique de Mère Marie de la Croix, lui faisaient envisager les choses de Dieu avec un saint respect. Elle ne les traitait jamais à la légère. La Messe et la Communion étaient pour elle d'inestimables trésors dont elle n'eût voulu pour rien au monde se priver ni priver les autres. Bien plus, elle prenait un soin touchant d'en ménager aux malades le bénéfice quotidien. Ni peines ni dérangements ne comptaient pour cela. C'était une des formes de son culte pour le sainte Eucharistie. On voyait qu'elle jouissait de s'occuper de tout ce qui touchait à l'autel. Rien n'était jamais assez beau pour lui. Contribuer à édifier et à pourvoir un nouvel oratoire où l'on dirait la Messe était pour elle un bonheur inexprimable, dont son esprit de foi n'était jamais rassasié. Dieu seul sait tout ce qu'elle fit pendant la guerre pour procurer aux prêtres des autels portatifs! En combien d'endroits Notre-Seigneur put-il descendre tous les jours, grâce à la charitable pourvoyeuse que fut la supérieure de la Bonne Presse!

CHAPITRE VIII

Les deux premiers voyages en Orient

Nous disions plus haut que la R. Mère générale considérait déjà Sœur Marie de la Croix,
au lendemain de sa profession, comme son bras
droit. Elle le prouva surabondamment, lorsque,
en 1894, le P. Picard ayant décidé d'envoyer
à toutes les maisons d'Orient une visitatrice
régulière, Mère Marie du Christ, empêchée par
sa santé précaire de s'acquitter elle-même de
cette éminente fonction, ne crut pouvoir mieux
faire que d'y déléguer la supérieure du Cours
la Reine.

Les termes dans lesquels le P. Picard annonçait aux Sœurs de la Mission ce fait si important pour la Congrégation, montrent à la fois,
et la gravité de la charge et le cas qu'il faisait
de celle qui en était revêtue :

Nîmes, le 21 juin 1894.

Mes chères filles,

A mesure que notre chère famille grandit, il importe de compléter les coutumes et institutions qui
doivent resserrer les liens de l'obéissance et de la cha-

rité, fortifier les maisons, les unir entre elles et à la Maison-Mère, réparer les défaillances ou les oublis, et maintenir partout la ferveur, la vie de prière et de régularité.

Les visites régulières sont un des moyens les plus puissants pour atteindre ce but. Elles existent dans toutes les Congrégations complètement constituées. Il était difficile jusqu'ici de les établir parmi nous. Il fallait prendre le temps de grandir et de développer notre noviciat avant de détacher une religieuse de la Maison-Mère pour aller en Orient accomplir ces visites si désirables, je dirai même si nécessaires.

Grâce à Dieu, qui multiplie d'une façon merveilleuse le nombre de nos enfants, nous pourrons cette année combler cette lacune, et nous vous envoyons Mère Marie de la Croix, qui s'embarque samedi avec quatre nouvelles Sœurs destinées aux Missions d'Orient.

Je n'ai pas besoin de vous demander de la recevoir avec tous les égards et tout le respect que vous devez à une Sœur visitatrice. Je sais que vous désirez toutes très ardemment ces visites de la Maison-Mère, et que Mère Marie de la Croix sera accueillie, non seulement avec respect, mais avec joie et affection. Nous vous l'envoyons comme une vraie visitatrice. Allez à elle en toute simplicité et ouverture de cœur. Confiez-lui vos craintes comme vos espérances, montrez-lui vos enfants, vos œuvres, vos livres, vos comptes.

Ne craignez pas de lui signaler les défauts à corriger et les difficultés à vaincre. Considérez-la comme le lien entre vous et votre Supérieure majeure, et rendez-lui sa tâche facile en allant à elle comme à une mère qui représente auprès de vous cette autorité première que vous avez toujours aimée.

Une visitatrice exerce l'autorité de supérieure pendant tout le temps de la visite, mais, une fois la visite terminée, toutes choses rentrent dans l'ordre habituel. Les supérieures locales reprennent leur autorité, mais elles s'empressent de réaliser le bien, ou de réparer les défauts qui leur auront été signalés.

Réjouissez-vous, mes chères filles, de cette grâce nouvelle. Aimez-vous bien les unes les autres. Devenez filles d'oraison et grandissez dans la vertu et le dévouement...

La charge était délicate : il s'agissait, comme on le voit, d'examiner, de réformer, de corriger, de reprendre et d'apporter à ces actes d'autorité, toujours pénibles, même avec des personnes vertueuses et de bonne volonté, assez d'esprit surnaturel, de charité, de tact et de possession de soi pour tout faire accepter aux intéressées, et obtenir par là les améliorations désirées.

Le P. Picard lui écrivait le 8 juillet 1894 :

Dieu est avec vous, parce que vous êtes dans l'obéissance. Procédez lentement et accomplissez votre mission avec douceur, bonté et fermeté. Le temps passé à Koum-Kapou et à Phanaraki est un temps précieux. Je suis convaincu qu'on est enchanté de vous avoir et que tout ira bien. Priez beaucoup

et comptez sur la grâce. Une religieuse ne fait pas
son œuvre, elle est à Dieu, et Dieu accomplit son travail avec constance et suavité : *suaviter et fortiter.*
Appuyez-vous sur les deux visites que j'ai faites et
prenez des notes. Votre présence aux deux retraites
est importante, vous pourrez y voir les Sœurs qui
viendront à vous, et ferez ample provision de fortes
et saines pensées. La parole du P. Edmond est très
élevée. Toutes ne la comprendront pas, mais si les
supérieures prennent des notes, elles serviront
ensuite, à petite dose, ce qu'elles auront reçu en
abondance.

Les difficultés matérielles ne devaient pas
non plus faire défaut. Ce voyage, commencé le
20 juin 1894, avait été marqué dès l'arrivée par
l'événement peu banal d'un tremblement de terre
à Stamboul, les 10, 11 et 12 juillet. A Paris,
les nouvelles n'arrivaient qu'avec de grands
retards : tout le monde s'inquiétait.

Le P. Picard écrivait le 15 juillet d'un ton
de paternel reproche :

Ma chère fille,

Nous sommes bien inquiets. Je sais que Dieu
garde nos enfants, et j'ai confiance. Mais voici le
sixième jour depuis le tremblement de terre. Pas
de nouvelles. Pourquoi ne m'avoir pas envoyé de
télégramme ?

Les dépêches arrivent depuis quatre jours.

Et le 22 juillet :

Oui, ma chère enfant, nous avons été fort inquiets, car toutes les communautés recevaient des nouvelles de leurs maisons, et nous, rien. Le télégraphe existe pour ces moments de catastrophe. Enfin, les lettres sont arrivées, mais pas toutes.

Voici l'une des lettres qu'envoyait à Mère Marie du Christ une Sœur de Koum-Kapou, quelques heures après la secousse :

Le 3o juin, Koum-Kapou avait la joie de recevoir Mère Marie de la Croix et les quatre Sœurs qui l'accompagnaient. Un moment, nous avions espéré que saint Pierre et saint Paul nous feraient la surprise de nous amener les voyageuses, mais ils ont voulu exercer notre patience jusqu'au lendemain 8 heures...

Nous commencions saintement les vacances, par la préparation spirituelle et matérielle de la retraite, lorsque, le 1o juillet, le bon Dieu nous envoya un *Sursum corda* auquel nous ne pensions pas.

Après les grâces du repas de midi, la communauté était à la chapelle et finissait le *Miserere,* lorsque, tout à coup, des craquements effroyables tant de notre maison que de celles environnantes, se firent entendre. Au même moment, dans la rue, des gens terrorisés s'arrachaient les cheveux, en criant chacun dans leur langue le « Mon Dieu! » de l'effroi. Pour nous, agenouillées au pied du tabernacle, nous voyions l'autel osciller, les chandeliers tomber. Nous ne savions où regarder. La statue de Notre-Dame de Lourdes et celle de saint Joseph, placées de chaque côté de l'autel, eurent, pendant quelques secondes, le mouvement d'un balancier. L'oscillation de la maison était si intense que la lampe du sanctuaire, bien qu'à moitié pleine, s'éteignit, et répandit l'huile sur le plancher. Les portes s'ouvraient toutes seules. Tout cela avait duré une minute. Nous avions pu finir sans trouble les prières après le *Miserere;* les Sœurs placées près du tabernacle commençaient le *Magnificat;* celles qui étaient au fond récitaient le *Souvenez-vous.* Malgré l'émotion qui nous étreignait, nous restions confiantes auprès de Notre-Seigneur. Nous nous rendions très bien compte du danger que nous courions au troisième étage d'une maison aussi exposée que la nôtre; mais Jésus était avec nous, nous le sentions trop bien pour nous abandonner à la frayeur.

Lorsque le calme fut revenu, une Sœur se précipita pour ramasser les chandeliers et remettre la croix, qui avait fait plusieurs tours sur le tabernacle sans tomber; une autre prit la lampe pour la rallumer. Nous n'avions pas encore fini, qu'une autre secousse, non moins forte que la première, nous jetait à genoux; les prières les bras en croix recommencèrent tout haut entre les Sœurs restées à la chapelle.

Quelques-unes d'entre nous étaient descendues après la première secousse, car elles avaient entendu frapper. En ouvrant, elles aperçurent un de nos voisins, portant au front une blessure d'où le sang avait jailli sur ses vêtements. Il avait en outre un trou profond au crâne. Mère P... se mettait en devoir de le panser, lorsque survint la deuxième secousse. Le pauvre homme s'échappa de ses mains et courut dans la rue... pour revenir ensuite.

Depuis deux jours, les trépidations continuent, à intervalles assez rapprochés. En vous écrivant ces lignes, je sens mon banc osciller sous moi. Pour nous, le *Te Deum* est notre prière; toutes les personnes qui connaissent notre maison se demandent comment elle a pu résister. Elle est fortement ébranlée, c'est vrai; les cloisons sont descellées, mais pas une pierre n'en est tombée. Nous disons pour tous ceux qui nous entourent une prière de supplication; les dégâts, les pertes, surtout les deuils, sont immenses. Le grand bazar de Stamboul, qui renferme, dit-on, des milliers de magasins, s'est effondré en partie à la deuxième secousse, au moment où tous les marchands effrayés et prévenus pour ainsi dire, par la première secousse, se hâtaient de fermer. Par une coïncidence providentielle, nos catholiques, dont la plupart sont employés au bazar, ont pu se sauver à temps; un Frère convers, que la charité avait amené là, vit tout crouler immédiatement après sa sortie.

On retire les morts de dessous les ruines; on en cache le nombre, mais il est considérable. La population de Koum-Kapou surtout est terrorisée; personne n'ose entrer dans les maisons.

Un peu plus loin, la même lettre nous donne quelques détails sur des sinistrés réfugiés dans le jardin des Pères.

C'est un spectacle impossible à décrire, on ne sait plus ce que l'on voit. Chaque famille a sa tente; des tapis sont étendus à terre, avec des coussins et des matelas. Les hommes n'ont pas de travail, tous les magasins sont fermés. Les femmes, à demi vêtues, les cheveux épars, préparent leur repas sur un réchaud; les enfants crient, transis de peur et de froid. Tous ces malheureux passent dehors les nuits qui sont ici très humides.

Nous avons trouvé une pauvre femme évanouie. Mère J... est restée auprès d'elle plus d'une demi-heure, sans pouvoir la faire revenir; à voir son visage tout violacé, ses mains et ses oreilles glacées, nous pensions que c'était une congestion : j'ai cherché notre docteur, sans pouvoir le trouver.

Mère Marie de la Croix, qui était en courses dans la ville, avec une autre religieuse, au moment de la catastrophe, fut heureuse, au retour, de trouver tout le monde sain et sauf, car elle était aussi inquiète des Sœurs que celles-ci l'étaient sur son compte. Elle raconte, avec le calme sobre et précis qui lui est habituel, les scènes dont elle a été témoin, dans une lettre à la Mère générale :

Nous rentrions de Galata au moment de la première secousse et nous avions assisté à une scène de terreur et d'affolement indescriptible. Nous nous sommes trouvées tout d'un coup dans un nuage de poussière épaisse, et à dix pas, l'étage supérieur d'une maison s'écroulait.

Nous revenons sur nos pas et gagnons la place voisine. Par toutes les issues se précipite une foule épouvantée qui veut gagner le port. Ce ne sont que cris, lamentations, invocations dans toutes les langues.

Après la troisième secousse, nous essayons de nous frayer un chemin dans les rues bordées de vieilles maisons en partie écroulées. Nous ne respirons un peu qu'à la gare. On se bat au guichet, mais un brave jeune homme se charge de nous prendre nos billets, et nous pouvons enfin rentrer chez nous plus mortes que vives. Les Sœurs avaient beaucoup prié et ont continué jusqu'à 10 heures à se remplacer auprès du Saint Sacrement.

Ce sont de terribles leçons dont on profite bien peu.

Pendant cette période d'angoisse et de dangers incessants, au milieu du désarroi général, les Sœurs continuèrent fidèlement et sans trouble tous les exercices de la vie religieuse, en y joignant, comme on le voit, ceux de la charité. Dieu récompensa leur confiance pleine de ferveur et de courage; sa protection couvrit heureusement toutes nos maisons durant le cataclysme, et Mère Marie de la Croix, qui n'en fut pas autrement intimidée, poursuivit la tâche prescrite. Elle assista à la grande retraite, prêchée à Koum-Kapou par le P. Edmond, et y présida le Chapitre, selon le désir du P. Picard (1).

____

(1) Faites le Chapitre pendant la retraite, car il y a des Sœurs de toutes les maisons, et il importe qu'on ait grande liberté pour s'adresser à vous... Priez beaucoup, faites le bien sans hésitation et sans trouble. (Lettre du P. Picard à Mère Marie de la Croix, 15 juillet 1894.)

Cette récollection fut d'une ferveur extraordinaire, préparée qu'elle était par l'occurrence exceptionnelle d'une visite régulière et par le terrible avertissement du tremblement de terre, dont on pouvait dire ce qu'écrivait Joseph de Maistre de la peste, que « c'était un rude sermonnier ».

Ce fut à *Koum-Kapou* que la Mère séjourna le plus souvent, rayonnant de là sur les maisons d'alentour. Cette mission, située dans le quartier turc de Constantinople, réunissait tous les genres d'apostolat : dispensaire, service de l'alumnat voisin des Pères, pensionnat très fréquenté par Turques et Grecques de toutes conditions, qui s'y formaient aux mœurs franques, à notre langue si appréciée, et surtout à la morale religieuse, en recevant l'influence chrétienne.

Phanaraki. situé en face de Constantinople, sur la côte asiatique, vit aussi bien souvent Mère Marie de la Croix. Le 30 juillet, les Sœurs de Koum-Kapou y passèrent avec elle une journée délicieuse, rapportent les *Annales*. Bien qu'installée dans une très humble maison voisine des Pères, cette mission, par la douceur de son climat et sa position exceptionnelle, avec la magnifique perspective du Bosphore, est un vrai petit paradis. Là, à côté de nos œuvres ordinaires, la visitatrice put admirer un noviciat indigène très florissant.

Elle avait préparé d'avance son itinéraire pour épargner au mieux le temps et les finances. Mais le choléra qui éclata à Andrinople, en provoquant les quarantaines à l'entrée et à la sortie des deux continents asiatique et européen, bouleversa tous ses plans. Le P. Picard craignit, à plusieurs reprises, que la visite des maisons ne pût être complète. Il écrivait à la Mère le 18 août :

Quels terribles peureux que les médecins et les autorités en Turquie ! Ne vous laissez pas prendre par les quarantaines. J'aimerais mieux laisser une ou deux maisons sans visite que de vous savoir en quarantaine. D'ailleurs, vous avez encore le temps. Aidez nos chères filles, faites du bien à Constantinople et à Phanaraki.

Et le 30 août :

Une fois les rentrées faites, commencez votre visite. Ne redoutez pas la journée de quarantaine qui précède Ismidt. Allez à Andrinople, si les Turcs sont moins féroces qu'aujourd'hui, et terminez par Roustchouk. Mais encore une fois, n'affrontez pas les longues quarantaines de Turquie et de Bulgarie. Je regrette cette extrémité, car votre visite eût été désirable partout. A la garde de Dieu !

Grâce à l'intrépidité, à l'énergie persévérante et à l'initiative ingénieuse de la Mère, les onze maisons que comptaient déjà, en Orient, nos œuvres très prospères, purent être visitées.

Seulement, bien des fois, il fallut revenir sur ses pas, piétiner sur place, patienter ou insister suivant les cas. Elle arriva à ses fins et sut toujours s'échapper par la tangente, en rasant les quarantaines.

Ainsi, elle se rendit, une première fois, en Bulgarie septentrionale dans le courant d'août, pour installer à *Yamboli* Mère Cyrille, la nouvelle supérieure. Cette mission, dont la pauvreté est restée légendaire, s'était fondée dans le dénuement et la persécution. Au début, l'unique table de la maison servait d'autel quand on avait la sainte Messe; les timbales figuraient comme vases à fleurs; deux bouteilles remplaçaient les chandeliers et une boîte à sardines tenait lieu d'encensoir. Les schismatiques avaient fait endurer aux Sœurs missionnaires toutes sortes de tracasseries et de vexations. Elles restèrent dix-huit mois sans prêtre catholique. Tous les quinze jours, un Père venait de Philippopoli ou de Kara-Agatch pour les confesser, les communier et offrir le Saint Sacrifice. Entre temps, elles restaient sans secours spirituels, mais elles acceptaient résolument toutes ces privations pour planter le drapeau de la foi. Quand un catholique mourait, c'étaient elles qui faisaient les fonctions liturgiques et portaient le corps au cimetière, la croix en tête. Elles gagnèrent la population, à force de dévouement aux malades.

Au cours d'une épidémie de petite vérole et d'une autre d'influenza, elles avaient improvisé chez elles un hôpital, et s'étaient multipliées avec une telle abnégation, qu'elles avaient fini par désarmer toutes les hostilités. Aussi, à l'époque où passait la visitatrice, elle eut la joie de constater que les conversions et les baptêmes augmentaient sensiblement. Les Sœurs moissonnaient à pleins bras la récolte semée par leurs vaillantes devancières.

Empêchée par les quarantaines de s'avancer pour le moment vers Andrinople, Mère Marie de la Croix revint à Koum-Kapou, dont la communauté, nous disent les *Annales*, fut heureuse de suppléer ses filles du Cours la Reine, en lui offrant leurs vœux le 14 septembre, pour l'Exaltation de la Sainte Croix.

Une autre difficulté fut soulevée par les quarantaines; les mutations fixées dans le personnel des maisons, et annoncées à la fin de la retraite, ne pouvaient plus avoir leur exécution. Force fut donc à Mère Marie de la Croix d'élaborer des combinaisons différentes, toutes de fortune, et de les soumettre aux Supérieurs majeurs avant de rien exécuter. Elle attendit donc patiemment, sans nervosité, et, grâce à son infaillible doigté et à son esprit d'organisation, mena tout à bien, en restant dans l'obéissance et dans la charité.

Le P. Picard lui écrivait de Livry le 7 septembre 1894 :

Commencez la visite aussitôt après la rentrée, et, pendant la visite, établissez toutes choses dans la régularité, la ferveur, les habitudes religieuses. Tant que cette tournée n'était pas commencée, le rôle de la bonté était le vôtre, mais en remplissant les fonctions de visitatrice, vous avez le devoir de réformer les abus s'il y en a, et de ramener tout à la règle. Insistez sur le silence, le travail et la charité. Que le bon esprit règne, et que l'on ne se mêle pas des fonctions des supérieures. Les mutations et les organisations de maisons ne regardent pas les Sœurs. Que chacune reste à sa place et remplisse ses fonctions avec dévouement et générosité.

Elle se mit donc en devoir vers la fin du mois d'achever la visite des maisons de l'intérieur de la Turquie. Elle était aidée et soutenue dans sa tâche par les conseils et les exhortations du P. Picard. Il lui recommande constamment d'insister sur les principes de la vie religieuse et de les sauvegarder à tout prix. Il veut qu'elle dise sans crainte les vérités pénibles, quand c'est nécessaire, et qu'elle abandonne le reste à Dieu. Il lui écrit de Lourdes :

Ce 18 août 1894.

La parole de Notre-Seigneur à saint Pierre est toujours vraie. La jeunesse use en paix de sa liberté et ne s'en doute pas. L'âge apporte toujours entraves

et soucis; il rapproche du ciel en clouant sur le Calvaire. Soyez contente de tout, et accomplissez joyeusement même les choses pénibles et difficiles. Dieu
est là, il fait son œuvre et ne demande que la bonne
volonté.

Ailleurs :

Ne craignez pas dans vos visites de rappeler toutes
les règles de la pauvreté et d'établir toutes choses
comme elles doivent l'être... Allez droit votre chemin
en simplicité, patience et humilité. Ne craignez pas
de dire ce que vous croyez nécessaire et rétablissez
partout la régularité, la ferveur, le bon esprit et surtout le silence et la charité. Que Dieu vous aide (1).

Marchez droit devant vous et dites la vérité bonnement et simplement... vous êtes visitatrice, rem-
plissez vos fonctions. Notre-Seigneur fera le reste (2).

Votre carte de X... me semble parfaite, qu'on s'y
conforme... Plus la régularité régnera, plus la paix
et la joie régneront avec elle (3).

Continuez vos visites, ma chère fille, et comptez
sur Dieu. Les difficultés abondent, mais la bonne
volonté ne manque pas... Organisez vos visites le
mieux possible, votre présence à X... sera très
utile (4).

------

(1) Lettre du P. Picard à Mère Marie de la Croix, Paris,
30 août 1894.
(2) *Ibid.*, Livry, 11 septembre 1894.
(3) *Ibid.*, Livry, 4 octobre 1894.
(4) *Ibid.*, Paris, 17 octobre 1894.

S'inspirant de ces vues tellement élevées au-dessus des ordinaires considérations humaines, Mère Marie de la Croix alla droit à son devoir. *Kartal, Koniah* (1), *Ismidt* (2) furent régulièrement visitées. Cette dernière mission, avec son école, son dispensaire et la visite des malades, était particulièrement consolante par le grand nombre de baptêmes de petits enfants que les Sœurs envoyaient au ciel.

Le P. Picard craignit un moment que la visite d'Eski-Chéir ne pût avoir lieu. Il écrivait à la Mère le 30 octobre 1894 :

Le P. A... répond à vos questions. Je me contente d'un mot pour vous assurer que je trouve vos cartes bien faites. Rétablissez la régularité et maintenez la charité.

La visite d'Eski-Chéir sera sans doute impossible. Partez bientôt pour Roustchouk.

Mais la Mère fit l'impossible, et *Eski-Chéir* fut visitée quand même avec ses deux maisons : une pour le pensionnat, l'autre à une demi-heure de marche de la première, succursale avec chapelle pour les offices publics du dimanche, car les catholiques y étaient nombreux. On y tenait encore un externat, un dispensaire, un patronage, avec réunions d'Enfants de Marie.

---

(1) L'ancienne Iconium.
(2) L'ancienne Nicomédie.

Le groupe bulgare d'*Andrinople* eut son tour en dernier à cause de l'épidémie de choléra. Malgré le désir du P. Picard et de la Mère Générale, Mère Marie de la Croix n'avait pu assister à la retraite de Kara-Agatch à cause des quarantaines, mais les portes venant de s'ouvrir, la visitatrice put enfin y remplir ses fonctions.

Trois centres d'apostolat y occupaient nos Sœurs. En premier lieu, dans le quartier de Kaik, était l'*Hôpital Saint-Louis*, fondé en 1872 par le P. Galabert. La pauvre vieille bicoque en bois qui l'abritait était faite de planchers si branlants que Mgr le délégué apostolique de Constantinople, lors de sa visite, disait aux Sœurs, faisant allusion à un effondrement possible :

— Mes filles, il faut que vous soyez ici toujours en état de grâce.

On y était si pauvre que le misérable et unique fauteuil à offrir à Son Excellence devait être transporté d'une pièce à l'autre selon les besoins du moment. La Mère, en visitant ce Bethléem, fut émerveillée du bien qu'y faisaient les Sœurs, malgré leur petit nombre. Après l'hôpital, ce fut l'externat *Sainte-Hélène*. Nous laissons ici la parole à une Sœur de la maison qui écrivait à notre Mère, en novembre 1894 :

Cette lettre sera l'écho de toutes les joies que nous avons ressenties pendant le trop court séjour de Mère

Marie de la Croix au milieu de nous. Le jour même de son arrivée à Constantinople, elle est venue nous voir. Nous l'avons reçue à la chapelle au chant du *Magnificat*. Nos enfants ont chanté aussi son arrivée, et toutes ont été fort impressionnées des paroles si maternelles que Mère Marie de la Croix a bien voulu leur adresser.

Trois semaines après, elle venait se fixer parmi nous, mais hélas! pour quatre jours seulement. Comme ces heures se sont vite écoulées! Pour la première fois, nous avons donné à nos enfants des cordelières de différentes couleurs comme récompenses mensuelles, et nous avons devancé de huit jours cette distribution afin qu'elles aient la joie de les recevoir de la main même de Mère Marie de la Croix. Les enfants de la première classe ont été surtout très heureuses des chapelets qu'elle leur à donnés comme souvenir, et celles des autres classes attendent avec impatience ceux qu'elle leur a promis.

Les chapelets attendus ne firent point défaut, la Mère aimait trop à semer la joie et à faire le bien là où elle passait, pour oublier sa promesse.

Elle se rendit enfin à l'important établissement de *Kara-Agatch* où, en dehors de la marche régulière d'un externat et d'un dispensaire, nos Sœurs assuraient le service matériel (cuisine, lessive, raccommodage) de l'Alumnat de nos Pères, sans préjudice de l'œuvre des Enfants de Marie et de celle des Petites-Missionnaires. Ces dernières étaient des enfants désireuses de

se donner à Dieu, et qui se formaient de bonne
heure aux vertus et aux coutumes religieuses
pour passer, plus tard, au Noviciat de Phanaraki, si elles persévéraient dans leurs intentions.

La Mère termina sa tournée par Roustchouk,
mission pourvue d'un dispensaire et d'une école,
lesquels devaient être transférés plus tard à
Varna où fleurit actuellement un magnifique
pensionnat destiné à faire le plus grand bien
parmi la population cosmopolite de cette cité.

En somme, très considérables étaient déjà les
résultats recueillis par nos Sœurs, d'une part
pour la propagation de notre influence nationale
en Orient, d'autre part pour l'union des Eglises
et la moralisation par les principes chrétiens
de ces peuples courbés sous le joug de l'Islam.
Mère Marie de la Croix, en le constatant, se
réjouissait tout à la fois dans son âme de Française, de catholique romaine et surtout de religieuse apôtre.

Sa mission était achevée, et, chose étonnante,
à la satisfaction générale, tant elle avait su
joindre à la fermeté qui vient de l'esprit de foi
et à un sentiment profond de l'impérieuse obli-
gation du devoir, la charité la plus délicate et
l'impersonnalité la plus complète. Partout où
elle avait passé, elle avait apporté le réconfort
et la lumière par ses vues surnaturelles et semé
l'édification par sa fervente régularité et son

oubli d'elle-même. Les Sœurs anciennes qui venaient de faire sa connaissance étaient tout impressionnées de voir tant de vertus unies à tant de talents. Pourtant l'œuvre avait été épineuse, et il n'avait pas fallu moins, pour l'entreprendre et l'achever, que sa parfaite obéissance et son extraordinaire énergie, soutenues par les encouragements et les conseils de ses Supérieurs généraux.

Mère Marie de la Croix était rentrée à Paris le 24 novembre, à la grande joie de toute la Bonne Presse. Mais, l'année suivante, le P. Picard jugea nécessaire, pour affermir le bien commencé, d'envoyer une seconde fois la visitatrice aux maisons du Levant. Comme il faisait lui-même la visite des établissements de nos Pères, il trouvait sans doute qu'un échange de vues, sur les lieux mêmes, avec une personne d'aussi grand sens que Mère Marie de la Croix, devait être particulièrement efficace pour le développement des œuvres des Oblates.

La présence du Père en Orient supprima forcément la correspondance de la Mère avec lui; aussi sommes-nous moins documentés sur ce voyage que sur le premier. Mère Marie de la Croix partit le 8 septembre 1895. Son séjour ne devant durer que six semaines, elle ne visita pas les maisons de l'intérieur de l'Asie. Elle se tint surtout à Koum-Kapou, vit le groupe de

Constantinople et étudia, pour en rendre compte
à Mère Marie du Christ, la future fondation
d'Haïdar-Pacha qui devait se faire en novembre
suivant. Elle termina par les maisons de Bulgarie : Yamboli, Roustchouk et le groupe
d'Andrinople. Le voyage ne manqua ni de
péripéties ni de difficultés. La lenteur et l'irré-
gularité des services, les chinoiseries admi-
nistratives, les inondations, l'entravèrent bien
souvent, mais rien que momentanément.

Pour gagner du temps, elle voyageait très
souvent la nuit, et quand les départs normaux
faisaient défaut — ce qui n'était pas rare, — elle
empruntait les moyens de locomotion les plus
invraisemblables, sur terre et sur mer, pour
arriver malgré tout à la date où on l'attendait. Elle avait la réputation — très méritée
d'ailleurs — de triompher de tous les obstacles
et de passer là où personne ne passait. C'est
ainsi qu'un jour, ne voulant pas attendre le
bateau jusqu'au lendemain, elle traversa le Bosphore en caïque avec Sœur X..., et courut un
danger sérieux quand une troupe de marsouins
qui poursuivaient la frêle embarcation faillit la
faire chavirer. Cela ne l'empêcha pas une autre
fois de passer en barque, non sans péril, la
Maritza débordée pour se rendre, en temps
voulu, là où elle était attendue. Elle ne perdait jamais un instant en délais inutiles. Son

horaire était rempli au maximum de densité.

Prise tout le jour par ses occupations de visitatrice, elle consacrait une partie des nuits à sa correspondance, car elle répondait fidèlement et ponctuellement à toutes les lettres d'Occident; ses filles du Cours la Reine en ont rendu témoignage.

Après s'être ainsi fidèlement acquittée de sa tâche, Mère Marie de la Croix rentrait à Paris le 24 octobre 1895.

CHAPITRE IX

*Maladie de Mère Marie de la Croix —
Vœux perpétuels — Incendie du Bazar
de la Charité — Mort de M. Jouet
— Troisième voyage en Orient*

Peu après son retour, Mère Marie de la Croix,
par suite des fatigues de ce pénible voyage,
tomba gravement malade d'une fièvre rhumatismale, qui la condamna au repos pour deux
mois. En cet état, elle édifia son entourage par
sa parfaite indifférence pour tout ce qui concernait sa santé. Elle ne consentit jamais, pendant ce temps, à manquer une seule fois la
Messe ni la Communion, même après des nuits
de souffrance et d'insomnie. Sa chambre étant
située sur le même étage que la chapelle, elle
y venait en se traînant comme elle pouvait,
appuyée sur le bras de l'infirmière, et n'accepta
jamais non plus que le prêtre vînt lui apporter
la sainte Communion à sa place.

Les *Annales* consignent que la Mère, se sentant un peu mieux pour Noël, voulut assister

à la Messe de minuit, ce qui lui occasionna
une rechute. Les Sœurs d'Orient, habituées à la
ponctualité des courriers de la Mère, se plaignent
de son silence. Mère Marie du Christ leur fait
répondre dans la lettre générale « qu'elles n'ont
sans doute pas compris la gravité de l'état de
Mère Marie de la Croix, qui commence seulement à se lever quelques heures par jour et ne
prend qu'un peu de lait et de bouillon. Sa faiblesse est telle qu'elle ne peut s'occuper de quoi
que ce soit, et les Sœurs de la maison ne peuvent
la voir ».

Ce n'est que vers la mi-janvier 1896 que la
Mère peut reprendre ses occupations ordinaires.
Dans le courant de la même année, après la
visite si bonne et si paternelle du vénéré cardinal Richard au noviciat de Passy, on décida que
les Oblates seraient admises à prononcer leurs
vœux perpétuels. Mère Marie de la Croix fut du
premier groupe avec Mère Berthe (1), Mère
Marie de la Compassion et Mère Saint-Pierre (2).
Le 15 août, le P. Picard eut la joie de présider
dans la chapelle de Passy cette cérémonie de
famille à laquelle s'étaient jointes nos Sœurs de
Sèvres et du Cours la Reine.

Le cérémonial fut le même que celui des pre-

____

(1) Aujourd'hui Supérieure générale.
(2) Alors Assistante du Cours la Reine.

miers vœux, avec cette seule différence qu'au moment du prosternement, pendant le chant des *Litanies des Saints*, on étendit sur les professes un drap funèbre, pour signifier que l'arrêt de leur mort au monde était désormais irrévocable. Le Père, dans l'instruction adressée aux élues, manifesta sa joie de présider cette solennité où, pour la première fois, ses filles étaient admises à prononcer leurs vœux perpétuels. Il les exhorta à partager sa joie, celle de Notre-Seigneur et de la Très Sainte Vierge, en leur faisant observer qu'elle devait avoir aussi sa source dans leurs douleurs et dans leurs sacrifices.

Soyez joyeuses, disait-il en terminant ; comprenez la joie comme il faut la comprendre dans la vie chrétienne et à l'Assomption, la joie de Notre-Seigneur, la joie de la Très Sainte Vierge, la joie des anges et des saints dans la pureté parfaite. Avancez, venez prononcer vos vœux d'une manière absolue, renoncez à tout ce qui est terrestre, humain, ensevelissez tout ce qui est vain, inutile, personnel, caprice ou volonté propre ; ensevelissez tout cela dans cet acte par lequel vous vous prosternez et sortez de là avec ces joies et ces consolations que Notre-Seigneur accorde à ses épouses. Donnez-vous sans réserve, c'est là ce que je vous demande, c'est là ce que l'Eglise attend et ce que l'Assomption est heureuse de recevoir en ce moment.

Le Père était, en effet, heureux et rayonnant ; et le soir, en visitant de nouveau la maison du noviciat de Passy, il disait à ses filles qu'il se sentait plus père que jamais.

Mère Marie de la Croix n'a pas laissé (du moins que nous sachions) de notes écrites sur les sentiments qui remplissaient son âme à ce moment ineffable de sa vie. Un seul souvenir nous en reste, mais quel souvenir ! Qu'il est éloquent dans son héroïque concision ! Elle signa de son sang la formule des vœux qui la liaient pour toujours à son Bien-Aimé.

Au lendemain de cette inoubliable journée, Mère Marie de la Croix partait, comme chaque année, pour le Pèlerinage de Lourdes et revenait par Nîmes où les Sœurs étaient toujours heureuses de la revoir. Elle rentrait à Paris le 2 septembre, juste à temps pour s'occuper du branle-bas des Comités et des déménagements du quatrième étage, en vue des démolitions nécessitées par l'exhaussement de la maison.

Le 24 octobre 1896, elle apprenait une douloureuse nouvelle. Son grand oncle maternel, l'abbé François Boyer (1), venait de s'éteindre à Narbonne, entouré comme un patriarche de toute sa pieuse famille. Le bon vieillard qui, depuis sa cécité, habitait, chez les Jouet, la rue Parerie, avait subi à soixante-quinze ans l'opéra-

______

(1) L'abbé François Boyer avait trois cousins frères et prêtres du même nom (Boyer).

tion de la cataracte. Dès lors, il y vit assez pour se rendre seul à la chapelle de l'Hôtel-Dieu où il disait sa Messe. Sa vie, si utilement remplie, avait été couronnée par une mort aussi sainte que calme et sereine. Le chagrin de Mère Marie de la Croix fut profond. Le P. Picard lui en exprima ses condoléances, car il connaissait l'affection qu'elle portait à son oncle.

Je prends une vive part à votre peine et me suis empressé de télégraphier à Narbonne que je partageais la douleur et priais pour toute la famille. Du courage, ma chère fille, et *Deo gratias in omnibus.*

Nimes, le 25 octobre 1896.

L'année s'acheva dans la surcharge de l'expédition des almanachs, et l'organisation des fêtes de Noël. Puis, le printemps de 1897, attristé d'abord par la maladie de Mère Saint-Pierre, fut marqué par une effroyable catastrophe, qui intéresse à la fois l'histoire de la Bonne Presse et celle de Mère Marie de la Croix.

Le 4 mai, le Bazar de la Charité, dont le terrain situé rue Jean-Goujon était contigu à la partie postérieure des bâtiments de la Bonne Presse, était dévoré par un terrible incendie. Vers 4 h. 1/4, le feu, communiqué à une draperie par une lampe de projection, se répandit avec une effrayante rapidité dans les bâtiments, tous en bois, qui furent en moins de vingt minutes

la proie des flammes. A la Maison de la Bonne
Presse, le salut du Saint Sacrement avait eu lieu
à 4 heures pour la fête de sainte Monique, et
l'on sortait de la chapelle, lorsqu'un cri d'alarme
était jeté, à la vue des sinistres lueurs qui mena-
çaient l'imprimerie. De nombreuses victimes
avaient déjà succombé avant qu'on pût, dans le
voisinage, soupçonner le danger, tant avait été
prompte l'action du fléau. L'espace libre entre le
Bazar de la Charité et les hautes murailles
des immeubles du Cours la Reine avait pu être
gagné par un certain nombre de personnes qui
poussaient là des appels déchirants, prison-
nières qu'elles étaient entre les murs infranchis-
sables et les flammes que le vent rabattait sur
elles. A ce moment, le personnel de l'imprimerie, employés et ouvriers, sous la direction du
P. Am... et de M. Berteaux, arrive pour organiser le sauvetage. Dressant une échelle le long
de la muraille à un endroit où celle-ci est moins
escarpée, ces hardis sauveteurs descendent dans
le terrain vague pour aider les malheureuses
victimes à se sauver par cette issue (1).

Le P. Vincent de Paul Bailly, accouru aus-
titôt qu'averti, et descendu à son tour avec ses

____

(1) En même temps, le personnel de l'Hôtel du Palais descel-
lait les barreaux d'un soupirail donnant accès sur le terrain,
et par lequel un bon nombre de personnes purent aussi s'échapper, grâce à cette initiative dévouée.

typographes, dans le boyau qui séparait le mur du numéro 11 *bis* du Bazar de la Charité, sauvait encore une quinzaine de personnes, en leur faisant franchir un mur de dix mètres. On estime à 200 le nombre de ceux qui furent sauvés, tant par les échelles que par le boyau.

Dans ces sinistres circonstances, Mère Marie de la Croix ne resta pas inactive. Immédiatement, elle organisa un service de secours : d'après ses ordres, quelques Sœurs, grimpées derrière le mur, aidaient à descendre les victimes, tandis que d'autres pansaient et réconfortaient les pauvres rescapées, à moitié brûlées, dans l'ambulance que la Mère avait rapidement improvisée et pourvue.

Voulant se rendre compte elle-même si l'état des infortunés restés sous les décombres ne permettait pas de leur apporter encore quelque secours corporel et spirituel, elle essaya de traverser le cordon des agents qui lui signifièrent :

— Les femmes ne passent pas.

— Mais je suis religieuse, répondit-elle avec cette dignité calme et cette autorité qui déconcertaient la réplique.

— Bon, bon, passez.

Le spectacle était affreux ; des victimes noircies, carbonisées, mutilées ; plus de cheveux ni de vêtements, sauf quelques débris de corsets ou de chaussures. La Mère, jugeant urgent de

les couvrir, revint à la maison prendre, à cet
effet, des draps qu'elle porta au lieu du sinistre,
puis revint prodiguer ses soins aux infortunés
et subir les scènes de désolation des familles
désespérées. Au milieu de l'affolement général,
la Mère, avec une infatigable énergie, un imperturbable sang-froid et une étonnante possession
d'elle-même, se multipliait pour être partout où
il y avait possibilité de procurer un soulagement.

Des témoins, émus d'admiration pour son
dévouement et celui de ses Sœurs, cherchèrent
à obtenir les noms de quelques-unes de ces
héroïnes de la charité. Mère Marie de la Croix,
pour se débarrasser de leurs importunités,
donna le nom d'une de ses filles, l'humble Sœur
Joseph (1) qui, recevant, quelques semaines
après, une médaille d'argent de 1re classe, s'en
amusa beaucoup, trouvant que cette distinction
honorifique eût été attribuée avec beaucoup plus
d'équité à sa Supérieure. Mais à qui la faute,
sinon à celle dont l'horreur pour toute ostenta-
tion avait voulu garder l'anonymat. En effet,
relativement à ce mémorable épisode, les *Annales*
écrites de sa main ne contiennent qu'un sobre
récit, sans aucune allusion à son rôle personnel.
Pourtant, tous ceux qui dans cette fatale journée,
partagèrent ses labeurs, en ont rendu témoi-

____

(1) Morte en 1919.

gnage : son extraordinaire présence d'esprit dans une conjoncture où bien peu de personnes avaient pu la conserver, l'ingéniosité prompte et pratique de son dévouement plein d'une surnaturelle compassion si exquisement humanisée, firent l'objet d'une unanime admiration. Le soir, elle organisa une veillée de prières pour les âmes qui avaient paru devant Dieu et pour leurs familles en deuil. Les jours suivants, la maison continua d'être assiégée par les parents désolés, suppliant qu'on leur donnât quelques renseignements ou quelques vestiges de leurs chers disparus, dont souvent, hélas! nous ne savions rien. Quelques religieuses furent envoyées en ville pour prendre des nouvelles des sinistrés. D'autres étaient députées aux funérailles. Ces tristes démarches nous occupèrent encore pendant une quinzaine; mais rien n'était compté par Mère Marie de la Croix, quand il s'agissait de charité.

Un an après ce terrible événement, le 8 mai 1898, M. Jouet, dont l'état de santé, chancelant depuis si longtemps, s'était récemment aggravé, rendait le dernier soupir en sa maison de Narbonne. Ce triste dénouement était prévu depuis plusieurs jours, et la chère Mère s'associait de loin à la douloureuse agonie du bien-aimé moribond qu'elle ne pouvait plus aider que par ses prières. Pendant la nuit du 7 au 8, où le Saint Sacrement était justement exposé dans notre chapelle, Mère Marie de la Croix, selon sa coutume, prolongea son adoration jusqu'à 1 heure du matin, recommandant à l'Epoux divin les derniers moments du père qu'elle avait quitté pour lui. Elle avoua depuis, comme le prouve la lettre citée plus loin, avoir été avertie par une intuition secrète du passage de la chère âme en l'éternité.

Cette mort fut cruelle à son cœur de fille, mais, dans cette circonstance, elle se montra religieuse et régulière à un degré peu commun. Non seulement elle ne sollicita pas la permission d'aller à Narbonne, mais elle attendit, pour communiquer la nouvelle à Mère Marie du Christ, qu'il fût trop tard pour se rendre aux obsèques. Elle pensait avec raison devoir à sa communauté, comme supérieure, cet exemple de détachement. En effet, combien plus ensuite serait-elle en droit de défendre la règle contre les réclamations de la nature, quand ses filles se trouveraient dans un cas analogue.

Elle se contenta de prier et de souffrir pour son cher défunt et écrivit aux siens la lettre suivante :

8 mai 1898.

Ma bien chère maman,
Bien chers frère et sœur,

Le sacrifice est accompli ; notre cher papa est auprès du bon Dieu. Pour lui, c'est la fin de la souffrance, le repos, la paix, la joie sans fin. Pour nous, c'est le vide, le sacrifice. Mais combien ce sacrifice est adouci par les souvenirs et les exemples que nous laisse ce cher papa. Où aurait-on trouvé une nature plus droite, loyale, dévouée ? On peut bien dire qu'il n'a eu que deux affections au cœur pendant toute sa vie : celle du bon Dieu à qui il fut toujours fidèle, et celle de sa famille et de ses amis. Le devoir fut sa seule règle. Remercions le bon Dieu de nous avoir donné un tel père, et sachons aussi trouver le courage de le remercier d'avoir mis un terme à ses longues souffrances.

Cette nuit, auprès du Saint Sacrement où je suis restée jusqu'à 1 heure, j'ai senti que c'était fini et j'ai bien prié pour que tous vous soyez forts et généreux.

La dépêche m'est parvenue ce matin comme la Messe se terminait. Le P. Am... me disait aussitôt : « Je regrette qu'elle ne soit pas arrivée une heure plus tôt. J'aurais dit la Messe pour lui au lieu de me contenter d'une simple intention. » Il la dira un de ces jours. Il est allé porter la dépêche au P. Picard pour qu'il puisse recommander notre cher papa aux prêtres qui n'ont pas encore dit la Messe. Les prières seront nombreuses et ferventes de tous côtés, et je crois bien que c'est en grande partie à celles qui ont été déjà faites que nous devons les consolations que notre cher papa a données et a eues ces derniers jours.

Soyons de plus en plus dans la main du bon Dieu. Que ma chère maman se soigne et se repose, et vous tous aussi qui en avez certainement besoin après tant de fatigues et de secousses.

Donnez-moi bientôt des nouvelles. Vous comprenez avec quel désir je les attends.

Je vous embrasse tous et suis avec vous, autant qu'il est possible d'y être.

Votre fille, sœur et tante,

Sœur Marie de la Croix.

Comme la note surnaturelle domine dans sa façon d'envisager l'épreuve et de consoler les siens! Comme on voit que tout tient bien debout dans cette âme! Mais aussi comme on est ému par l'austère simplicité d'un culte filial qu'on sent si profondément vrai! Nous admirons celle qui admire, en même temps que celui qu'elle admirait. Les quelques traits caractéristiques de la noble figure paternelle si bien esquissée en ces lignes sobres ne se retrouvaient-ils pas éminemment, par un heureux atavisme, dans celle qui les retraçait?

En cette douloureuse occasion, Mère Marie de la Croix reçut de sa famille religieuse et de toutes les enfants de la Bonne Presse les témoignages d'une touchante et unanime sympathie. Les Messes et prières furent prodiguées au cher défunt, et le 10 mai, un service solennel, où tout le personnel voulut assister, fut chanté, avec diacre et sous-diacre, en la chapelle de la maison.

Quelques semaines après, le 20 juin, Mère Marie de la Croix était envoyée pour la troisième fois en Orient par Mère Marie du Christ avec l'obédience de passer par Nîmes et Narbonne. Elle put donc porter à sa mère, à son frère chéri et à sa belle-sœur les précieuses consolations de sa tendresse et de sa foi. Puis le 31, s'embarquant à Marseille pour Constantinople, elle dut accepter une privation très sensible à sa piété, celle de la sainte Messe pendant la traversée, le bateau *l'Equateur* n'ayant pas de prêtre à bord.

Le but principal de son voyage n'était pas, cette fois, la visite des maisons, mais le noviciat de vœux perpétuels des Sœurs de la mission qui avaient au moins dix ans de vie religieuse. La charge était d'une importance capitale. Le P. Picard lui écrivait à ce sujet de Livry le 29 juin 1898 :

Bon voyage, ma chère enfant, que Pierre vous garde dans sa nef. Vous y serez ballottée, mais vous ne périrez pas. Le salut y est assuré. Je le demande pour vous à Notre-Seigneur en suppliant ce Divin Maître de consoler les douleurs qu'il vous a imposées ces derniers jours... Apportez à nos chères filles ferveur et régularité. Dites-leur que je les bénis et que je prie pour elles. Préparez des saintes dans vos jeunes vieil'es ou dans vos anciennes novices. Que la Très Sainte Vierge vous éclaire et vous garde.

Arrivée le 6 juillet à Constantinople, elle se rendit dès le lendemain à l'importante maison d'Haïdar-Pacha, pour voir la nombreuse communauté, et donner, concernant la France, des nouvelles qu'on était avide d'entendre. Elle constata avec joie le développement rapide de cette fondation âgée de deux ans à peine.

Ce faubourg asiatique de Constantinople avait été, dès son origine, un centre d'œuvres très intéressantes et très diverses. Chaque année, suivant les progrès, avait ajouté, à la primitive et pauvre bâtisse en bois et torchis, d'autres konaks voisins, en sorte que cette mission était devenue une vraie cité paroissiale où les Oblates chantaient la Messe, les Vêpres et le Salut, le dimanche et les jours de fête. On y faisait les mariages, les baptêmes et les enterrements (1). Les classes, au nombre de sept, recevaient environ 450 enfants : israélites, grecques, orthodoxes, arméniennes, musulmanes, protestantes, catholiques (ces dernières françaises ou italiennes, filles d'ingénieurs ou d'employés du chemin de fer de Bagdad). L'œuvre comprenait, en outre, un pensionnat, un asile, une école ménagère et l'ouvroir des anciennes élèves, sans préjudice du dispensaire et de la visite des malades.

Mère Marie de la Croix, qui se tenait à Phanaraki, revint le 17 juillet à Haïdar-Pacha, pour la distribution des prix, où les élèves exécutèrent en français, avec beaucoup de succès, des repré-

---

(1) Dans la suite, une cité paroissiale fut construite magnifiquement et les Sœurs eurent leur oratoire particulier.

sentations et des chants, dont Mgr Bonnetti, délégué apostolique, qui présidait la séance, se déclara charmé.

Dès le début de son séjour à Constantinople, Mère Marie de la Croix, après avoir rendu sa visite à Monseigneur, qu'elle avait eu d'ailleurs la bonne fortune de rencontrer sur le bateau, lors de son arrivée, et dont elle avait reçu le meilleur accueil, avait réuni à Phanaraki toutes les Sœurs ayant leur temps de vœux perpétuels. Les heureuses élues étaient au nombre de douze. Leur préparation fut soignée avec le sérieux, la conscience, l'esprit de foi que la Mère mettait à toutes choses. Dans son humilité, elle craignait toujours d'être au-dessous de sa tâche, de ne pas faire assez, ni assez bien. Le P. Picard, pour la rassurer, lui écrivait le 11 juillet 1898 :

Ne vous tourmentez pas, ma chère fille, menez votre barque paisiblement. Comptez sur la grâce. Notre-Seigneur ne vous abandonnera pas, le P. X... vous aidera.

Et plus tard encore, le 16 juillet :

Menez paisiblement votre barque et préservez-la de tout écueil. Vos novices formeront une maison à part et doivent se conduire comme des âmes privilégiées qui veulent entrer dans une vie toute nouvelle. Fortifiez les courages... La pratique parfaite du silence, de la pauvreté, de la mortification et de la régularité, posera des bases sérieuses pour l'avenir.

Pendant deux mois, la Mère dirigea tous les exercices du Noviciat, veillant aux moindres points de régularité, tenant surtout au silence et à la séparation complète du monde, sachant que le P. Picard y attachait une extrême importance.

Gardez vos retraitantes dans le recueillement et la prière, lui écrivait-il de Livry, le 19 juillet. Vous avez raison de les séparer de leurs maisons et de leurs occupations ordinaires ; elles n'ont qu'un seul devoir : former en elles de parfaites Oblates et se consacrer entièrement à Notre-Seigneur et à l'Assomption... On me dit que vous êtes souffrante. Soignez-vous.

Cette dernière recommandation n'était pas superflue, car la Mère ne s'inquiétait jamais de sa santé. On ne la voyait en aucun cas occupée d'elle-même. En effet, elle ne se contentait pas d'enseigner les vertus religieuses par de vigoureuses et saines instructions, mais prêchait surtout par ses exemples continuels d'austérité, de prière, d'abnégation, de fidélité à toutes les observances. Jamais elle n'omit de faire le soir son chemin de croix, les bras en croix, après le signal du repos. Elle fut en tout une religieuse, si parfaite que les Sœurs en étaient dans l'admiration. Toutes aiment à se rappeler ces semaines d'un si puissant réconfort spirituel et en gardent à la chère Mère une reconnaissance émue. Elles sont unanimes à dire que ce noviciat de Phanaraki fut vraiment la vie du ciel. Elles n'ont point oublié l'émotion qu'elles éprouvèrent, lorsque, la veille de la grande cérémonie qui devait se faire le 8 septembre, Mère Marie de la Croix les réunit pour s'agenouiller devant elles, et leur baiser humblement les pieds.

Après cette belle solennité qui fit époque dans les *Annales* de la mission, la Mère s'occupa du second but de son voyage qui était la visite des maisons. Elle avait déjà vu le groupe des trois maisons de Constantinople. Elle se dirigea donc vers les postes de l'intérieur de l'Asie : *Ismidt, Koniah, Eski-Chéir* et la nouvelle résidence de *Zongoulduk*. Puis elle revint par la Bulgarie. Elle constata avec satisfaction la prospérité du beau pensionnat de *Varna*, traversa *Yamboli* et revit les maisons de *Kara-Agatch* et le groupe d'*Andrinople*. Ce fut lors de son passage à l'hôpital Saint-Louis qu'elle accepta d'être la marraine d'une petite Turque, nommée Amœdia, fille d'un pacha qui l'avait abandonnée, parce qu'elle était idiote et infirme. La Mère avait pris en affection cet être de misère et lui avait fait donner le nom de « Rose » au baptême. Elle continua de s'intéresser à cette infortunée qui fut hospitalisée par nos Sœurs jusqu'à sa mort. Toute la mission connaissait « la filleule de Mère Marie de la Croix ».

Les trois visites de la Mère avaient fait partout

le plus grand bien. Les persécutions qui allaient
éclater en France devaient malheureusement
empêcher le renouvellement de ces tournées bienfaisantes, mais les Sœurs d'Orient qui avaient
pris contact avec la Supérieure du Cours la Reine
et avaient pu apprécier, en même temps que
son esprit religieux, les inépuisables ressources
de son affectueux dévouement, recouraient
désormais à elle quand il leur survenait quelque
embarras, quand il s'agissait de faire un achat
important, de se procurer une chose qui manquait en mission. Il va sans dire que toutes les
requêtes étaient exaucées.

En rentrant en France, le 4 novembre, Mère
Marie de la Croix avait la douleur de trouver
son assistante, Mère Marie de Saint-Pierre,
chargée de la maison en son absence, gravement malade d'une rechute de pleurésie, et
condamnée par la Faculté. Administrée des
sacrements en décembre 1898, elle fut entourée,
par sa charitable Supérieure, de tant de soins
attentifs que sa vie se prolongea encore jusqu'en avril 1899.

En partant pour le ciel, elle laissait, avec
d'universels regrets, le parfum d'une admirable
édification (1).

----

(1) Mlle Hélène Delhaye, en religion Sœur Marie de Saint-
Pierre, était née à Neufchâtel-sur-Aisne, le 10 août 1861. Entrée

Le 1er juillet suivant, Mère Marie du Christ annonçait à la communauté du Cours la Reine qu'un noviciat des vœux perpétuels pour plusieurs Sœurs de la mission se ferait cette année à la Bonne Presse sous la direction de Mère Marie de la Croix. Les religieuses proposées devaient arriver dans la huitaine.

Malgré les obligations que l'on connaît déjà et ce qu'on pourrait appeler « l'ordinaire imprévu » d'une semblable maison, la Mère

---

à l'Assomption le 1er mai 1885, elle prit l'habit le 15 août de la même année, fit son noviciat à Sèvres et ses premiers vœux le 15 août 1886. Quelques jours après sa profession, le 4 septembre, elle partit pour Bordeaux (Latresne) où elle gouverna la maison environ un an.

C'est dans le courant de l'été de 1887 qu'elle revint à Paris. Depuis lors, elle resta au Cours la Reine où elle remplit constamment la charge d'assistante, d'économe et d'infirmière, ce qui ne l'empêchait pas de donner sa part de travail à l'atelier d'expédition de la *Croix*. Le 15 août 1896, Mère Saint-Pierre prononça avec Mère Marie de la Croix ses vœux perpétuels entre les mains du P. Picard. Jusque-là, malgré la vie de travail et d'austérité qu'elle menait, sa santé s'était assez bien maintenue, quand elle fut atteinte d'une pleurésie pendant le Carême de 1897. Après une convalescence de deux mois passés à Clichy, elle reprit sa vie ordinaire, mais sa santé resta fort délicate. Pendant le séjour de Mère Marie de la Croix en Orient, en 1898, Mère Saint-Pierre fut chargée de la maison et se dépensa outre mesure. A la fin de septembre, elle dut s'aliter, et bientôt les médecins ne purent que constater la phtisie. Elle ne se fit pas d'illusions sur l'issue de sa maladie, et dès lors sa vie ne fut plus qu'un acte continuel d'union à Notre-Seigneur, dans la souffrance et dans l'amour. Elle désirait le ciel et manifestait souvent ce désir avec une joie très vive. Elle reçut l'Extrême-Onction le 27 décembre. Sa maladie subit alors un temps d'arrêt, pour reprendre au printemps une marche accélérée, et le 8 avril elle expirait sans secousse. Voici la notice s'astreignit à faire tous les jours une instruction de vingt-cinq minutes aux novices professes.

On voit qu'elle n'était libérée d'une surcharge que pour en recevoir une autre. Mais la nature importante et délicate de ces surcharges montrait assez la confiance des supérieurs dans la solidité pénétrante de son esprit, la sûreté de son tact, le sérieux de ses vertus religieuses et la constance de son dévouement.

---

qu'écrivit sur elle, le jour même de sa mort, la Très Révérende Mère Marie du Christ :

« Nous faisons une grande perte, et la maison du Cours la Reine, où depuis dix ans elle était assistante, perd en elle un exemple continuel de ferveur, de dévouement, de régularité, d'austérité, d'humilité. Celles d'entre nos Sœurs qui ont connu Mère Saint-Pierre savent combien le soin de voir la règle accomplie par toutes et de communiquer la ferveur autour d'elle était la préoccupation constante de son âme. Oublieuse d'elle-même à l'excès, toujours à la place du travail et du dévouement, elle avait acquis, dans ces dernières années, cette onction qui fait accepter aux autres les choses les plus pénibles, en y mettant le mot surnaturel de bonté, qui montre Notre-Seigneur en tout et partout. Sa ferveur ne se démentait jamais, son dévouement était absolu, sa régularité parfaite; son austérité rigoureuse étonnait et effrayait quelquefois de moins courageuses qu'elle. Quant à son humilité, elle dépassait encore son austérité. Mère Saint-Pierre aimait l'abjection non en paroles mais en actes, et ses grands sujets de joie étaient ses moments d'humiliation. Cette joie était alors si sincère qu'elle faisait du bien à qui avait le bonheur de l'apercevoir. La dernière place était la seule qu'elle enviât. Elle avait puisé cette humilité profonde dans un grand amour pour le Cœur de Notre Seigneur. C'était une âme de prière, s'offrant sans cesse et sans réserve au divin Maître pour souffrir et s'immoler; elle avait trouvé le secret des vraies joies dans le Cœur sacré de Jésus, s'unissant à lui, se donnant à lui, pour l'Eglise et pour les âmes. »

CHAPITRE X

Persécution — Sécularisation

Cette année 1899 devait, avant de s'achever, apporter à la maison du Cours la Reine le commencement des douloureuses épreuves dont Mère Marie de la Croix prit naturellement sa large part.

La *Croix*, qui n'était en 1886 qu'un humble grain de sénevé, apparaissait maintenant comme le grand arbre à l'ombre duquel étaient venues s'abriter nombre d'autres publications catholiques, atteignant à peu près toutes les classes de la société.

Les développements matériels avaient marché de pair avec l'extension de l'influence de la Bonne Presse. Les ateliers s'étaient agrandis à trois reprises différentes. Le personnel augmentait en proportion. La *Croix*, avec ses rotatives modernes, était un des journaux les plus puissamment outillés. Avec ses annexes, elle constituait un arsenal redoutable aux ennemis de l'Église. On n'avait pas oublié qu'en 1895, le

P. Bailly (1) avait failli, par son héroïque résistance, faire échouer la funeste « loi d'abonnement ». (L'histoire dira plus tard comment cette résistance, si magnifiquement unanime au début, finit en une vraie débandade.) Tout récemment, en juin 1899, la souscription pour le dôme de Montmartre, ouverte dans la *Croix*. avait en quelques semaines réuni deux millions. Les ministres et députés radicaux s'effrayèrent d'un tel succès. « Si nous supprimions le budget des Cultes, disait-on dans les couloirs de la Chambre, la *Croix* serait capable de le rétablir. Qui sait aussi les sommes qu'elle pourrait attirer au service des élections patronnées par elle? »

En effet, la sérieuse organisation électorale élaborée par les catholiques indépendants de tous les partis au moyen du Comité Justice-Égalité qui, sur la demande du Comité de Reims, s'était établie au Secrétariat de la *Croix*, sous la direction du P. Adéodat Debauge, inquiétait fort le gouvernement. Waldeck-Rousseau, qui venait de le prendre en mains, élaborait la loi d'association, accordant la liberté pour les associations de droit commun, mais déclarant de nul effet « toute association emportant la renonciation à des droits qui ne sont pas dans le commerce ».

---

(1) Nous empruntons à la *Vie du P. Vincent de Paul Bailly*. par Lacoste, les détails qui suivent sur la genèse des persécutions contre les Assomptionistes et la Bonne Presse.

C'était, sous une forme hypocrite, l'étranglement pur et simple de la vie religieuse. Le gouvernement s'attendait à une rude bataille, peut-être à un échec, si les forces catholiques donnaient avec ensemble. Comment imposer silence à la *Croix* et au **P. Bailly**?

D'abord, ce fut une charge à fond de train de toute la mauvaise presse contre « la Congrégation, désormais célèbre, des Assomptionistes; puis, surtout, on allait tenter, par une pression machiavélique, de mettre en œuvre la diplomatie pontificale. Bien que le pape Léon XIII lui-même eût mandé à Rome le P. Picard avec le Général des Trappistes, Dom Sébastien Wyart, pour le charger de remettre en main propre à chacun des évêques de France une note concernant, entre autres choses, les élections législatives de 1898, on tenta perfidement d'incriminer, auprès du Saint-Père, l'action des Assomptionistes et celle de la *Croix*. A la fin d'octobre 1899, le nonce, Mgr Lorenzelli, fut averti qu'on allait faire quelque chose contre les Assomptionistes. On sut bientôt de quoi il s'agissait.

Le 11 novembre, toutes les maisons de l'Assomption, dans toute l'étendue du territoire, étaient envahies à 8 heures du matin par une nuée de magistrats, d'agents et de gendarmes, et minutieusement perquisitionnées. Pour les trois maisons de la rue François Ier, de la rue

Bayard et du Cours la Reine, cent vingt policiers assuraient l'ignoble besogne.

La bande qui devait opérer chez nous, tout en demandant impérieusement la Supérieure, faisait irruption dans l'escalier de la communauté. Mère Marie de la Croix, prévenue, sortit aussitôt de la chapelle où les Sœurs achevaient la récitation du chapelet, et, d'un geste d'autorité sans réplique, arrêta les agents qui montaient. Puis, s'adressant au commissaire, lui demanda compte de l'inconvenance et de l'illégalité de son procédé, lui objectant qu' « avant de lancer ses hommes comme une meute » dans un paisible couvent de femmes, il devait donner lecture de son mandat, s'il en avait un, et que, tant qu'elle n'en aurait pas reçu la preuve, elle s'opposait à toute espèce d'inquisition.

Déconcerté par l'attitude énergique et la dignité calme de la Supérieure, le commissaire balbutia quelques excuses, produisit son mandat et la pria de vouloir bien le guider dans l'examen qu'il était obligé de faire des papiers contenus dans son cabinet. La mère surveilla et dirigea, en effet, elle-même l'inspection. L'opérateur, honteux et gêné de son odieuse besogne, en présence d'une femme dont la maîtrise l'intimidait, s'en acquitta comme il put.

Pendant ce temps, les autres délégués de la Sûreté perquisitionnaient dans toutes les pièces

de la maison, demandant l'état civil de chaque
Sœur, observant minutieusement toutes choses,
jusqu'aux petits meubles des cellules, mais paraissant aussi déconfits de s'en retourner bredouilles,
que stupéfaits de la pauvreté du mobilier.

Ajoutons qu'ils n'eurent point honte d'entrer
chez les malades, malgré la promesse contraire
faite par le commissaire à Mère Marie de la Croix.

L'inqualifiable inconvenance de cet acte d'hos-
tilité contre des femmes n'était que le prélude
de la lutte haineuse qui allait se déchaîner contre
toutes les Congrégations.

On ne le comprit malheureusement que plus
tard dans le camp catholique.

Quoi qu'il en soit, le retentissant procès des
« Douze » suivit bientôt. Les prévenus furent condamnés, le 24 janvier 1900, à 16 francs d'amende
et à la dissolution. Les hautes et nombreuses
sympathies dont furent honorées les victimes
de l'inique sentence créaient un mouvement
d'opinion très hostile aux néfastes projets de
Waldeck-Rousseau. Ce dernier sut, par d'hypo-
crites manœuvres, circonvenir le Vatican en le
leurrant de cet espoir que les Congrégations
seraient sauvées si le P. Bailly et ses frères aban-
donnaient la rédaction du fameux journal. Les
événements qui suivirent prouvèrent la mauvaise foi du ministre. Mais, en attendant, le
résultat de cette fourberie fut que Léon XIII,

« au lieu d'écrire aux religieux persécutés une
lettre de consolation, comme il l'avait fait espérer, fit savoir au gouvernement, en mars, que
pour le bien de la paix, et pour éviter un plus
grand mal, il venait d'inviter les Assomptionistes
à s'abstenir désormais de prendre part à la rédaction de la *Croix*.

» La plume du P. Bailly était brisée. Son cœur
aussi, on n'en doute pas. Mais aucune parole
d'amertume ne s'échappa de ses lèvres. Sans
une plainte, sans un mot d'explication, il rendit
les armes, il quitta la *Croix*, son œuvre, en
pleine bataille, en plein triomphe, et cela simplement, docilement, en religieux. A aucun prix
il n'eût voulu découvrir son Chef et son Père,
qui, dans sa sagesse et avec l'espoir d'arrêter
l'ennemi, croyait devoir sacrifier un de ses
intrépides défenseurs » (1).

Le 26 mars, le P. Vincent de Paul annonçait
lui-même au personnel de la B. P., très ému
comme lui, on le conçoit aisément, que « Dieu
lui demandait le sacrifice de son Isaac » et qu'il
obéissait.

On devine combien les faits relatés plus haut
furent douloureux au cœur de Mère Marie de
la Croix, si profondément attachée à nos Pères
et à leurs œuvres. Mais sa grande âme, prête

---

(1) *Vie du P. Vincent de Paul Bailly*, par LACOSTE.

à tous les sacrifices, allait s'ingénier encore en cette heure critique, pour assurer la conservation de ce qui pouvait être sauvé du naufrage.

Le 1er avril, le P. Picard annonçait à la Communauté que la *Croix* était vendue à un vaillant chrétien du Nord, ami de nos Pères, M. Paul Feron-Vrau. Les religieux continueraient, sans responsabilité, à s'occuper des autres publications et les Oblates assureraient, comme par le passé, mais en nombre restreint, la direction des ateliers de jeunes filles. Seulement, comme la prudence interdisait de demander au gouvernement de Waldeck-Rousseau une autorisation qui serait refusée, il faudrait, dans quelques mois, quitter le costume religieux, sous peine de ne pouvoir soutenir l'œuvre que Dieu déclarait hautement sienne, en l'éprouvant d'une façon exceptionnelle.

Mère Marie de la Croix se prépara donc et prépara ses filles à toute éventualité, dans la soumission sereine et silencieuse dont nos Pères donnaient un si héroïque exemple.

Les derniers mois de liberté apparente s'écoulèrent trop rapidement et furent marqués par des deuils : la mort de Sœur Claver, au printemps de 1900, et celle de Sœur Geneviève, en août 1901 (1).

____

(1) Marguerite Mennesson, en religion Sœur Geneviève, était née le 10 août 1870 à Villeneuve-sur-Dammartin (Seine-et-Marne)

Mère Marie de la Croix
pendant le temps de la sécularisation.

C'étaient les deux dernières Sœurs de la Bonne Presse qui devaient avoir la consolation de mourir avec l'habit religieux.

Le 30 septembre 1901, il fallut se séculariser, quitter le vêtement monastique et élire au dehors un domicile. Toutes les Sœurs qui étaient alors à la Bonne Presse se souviennent d'avoir vécu cette heure douloureuse. Oh! le premier matin, où l'on descendit à la chapelle en vêtements laïques! où la dernière Messe ayant été dite, et les Saintes Espèces consommées par le P. Am..., le tabernacle demeura désert! Oh!

Étant tombée très gravement malade à l'âge d'un an, elle fut en quelque sorte rappelée des portes du tombeau à la suite d'un vœu fait par sa mère à Notre-Dame de Lourdes. Elle fit sa première Communion dans l'église de Puteaux, sa paroisse, en 1882. A l'âge de dix-sept ans, elle entra comme ouvrière à l'atelier de typographie de la Bonne Presse. Simple, vive, enjouée, bavarde, pleine d'un entrain très drôle et très original, elle était aimée de toutes ses compagnes à cause de la bonté de son caractère et de sa charité toujours si obligeante. En 1895, après le Pèlerinage National de Lourdes, elle prit la décision d'entrer chez les Oblates dans les missions desquelles était déjà sa sœur aînée. Elle fit son postulat dans la maison de Passy, 14, rue Berton. Dès les premiers jours, elle parut absolument transformée. On la vit, elle, si rieuse et si dissipée, se plier gravement à toutes les observances et prendre les obligations de la règle avec un sérieux qui impressionnait.

Elle avait gardé son aimable caractère, sa charité, sa complaisance, mais la babillarde de jadis était devenue silencieuse et sa verve était réservée pour l'heure de la récréation où elle nous amusait tant par ses impayables chansons comiques.

Après avoir pris l'habit le 2 février 1896, elle donna pendant tout son noviciat un exemple si remarquable de toutes les vertus, que ses compagnes d'alors peuvent affirmer ne l'avoir

le premier soir où il fallut aller coucher dehors,
sous un toit quelconque, qui n'abritait plus
avec nous le divin Maître ! Seules les âmes religieuses qui ont éprouvé pareils déchirements
en mesureront l'acuité.

Mère Marie de la Croix les sentit plus que
personne : d'abord dans son amour de parfaite
religieuse pour tous les exercices réguliers de
la vie commune, et ensuite dans sa sollicitude
de Mère et de supérieure à cause de ce qui pouvait en résulter de détriments pour les âmes et
de souffrances pour les corps. Mais elle porta

---

jamais vue faire un acte imparfait. Aussi assidue au travail
qu'à la prière, on voyait qu'elle était constamment unie à Notre-
Seigneur et cherchait en toute chose à se mortifier pour l'amour
de lui. Obéissante presque jusqu'au scrupule, à peine connais-
sait-elle un désir de ses supérieurs qu'il était exécuté sur-le-
champ. Jamais on ne la vit, on ne l'entendit témoigner la
moindre répugnance. Si quelqu'une de ses Sœurs, par distraction ou faiblesse, négligeait la règle, le seul exemple de Sœur
Geneviève l'y rappelait, et cela simplement, bonnement, sans
hauteur ni pharisaïsme, et avec tant d'humble charité, que rien
dans son attitude ne pouvait donner à penser qu'elle voulût
imposer sa manière de faire.
Toujours la première aux besognes les plus répugnantes et
les plus pénibles, comme la lessive, le repassage, les nettoyages,
la quête, elle ne se plaignait d'aucune souffrance, d'aucune
fatigue, d'aucune privation. Elle y usa prématurément sa
santé délicate, à force de travail et d'austérité, tant son humilité avait su cacher à tous les yeux la violence qu'elle devait
faire à son pauvre organisme. Quand elle prononça ses vœux,
le 2 février 1898, sa santé était déjà gravement compromise
par ses pieux excès. Après une première alerte qui nous inquiéta
beaucoup, elle parut reprendre le dessus ; on l'envoya aux ateliers du Cours la Reine en 1899 et l'on nourrit l'espoir de la

l'épreuve avec cette vaillance admirable qu'elle mettait à toutes choses. Pas de gémissements inutiles. Le P. Picard et Mère Marie du Christ demandaient cela pour la gloire de Dieu et le salut des œuvres : Notre-Seigneur le voulait donc, et alors elle obéissait avec cette simplicité héroïquement courageuse qui ne songe pas à s'attendrir sur soi. Aussi n'aimait-elle pas à nous entendre nous plaindre; elle était peinée quand elle nous voyait fléchir et porter notre croix à regret.

— C'est un poste de combat que celui-ci,

---

conserver en usant de ménagements. Elle s'y dévoua pendant deux années, toujours avec la même ferveur et régularité, obéissant docilement pour se laisser soigner, mais ne demandant jamais quoi que ce soit pour son soulagement ou sa commodité.

Une fois qu'étant souffrante, elle avait été mise dans une chambre seule : on oublia de la pourvoir de lumière. Elle resta ainsi dans l'obscurité pour se lever et se coucher sans rien demander. Au bout de quinze jours, l'infirmière s'en étant aperçue, fut désolée et lui fit des excuses. Elle répondit qu'il n'y avait nullement de quoi, qu'elle avait très bien pu s'en passer et que les pauvres n'avaient pas toujours l'éclairage dont ils avaient besoin. Mère Marie de la Croix, de son côté, témoigna que cette Sœur, pendant son séjour au Cours la Reine, ne lui avait jamais demandé la moindre chose particulière, pas même une infusion.

Atteinte de la tuberculose des reins, elle supporta de pénibles souffrances, sans aucune plainte, avec une patience héroïque, et passa les deux derniers mois de sa vie à Clichy où elle mourut comme une sainte, le 25 août 1901, sous le regard de Notre-Dame des Anges. En six années de vie religieuse, sans avoir accompli aucun acte extérieur important, elle avait fourni une longue carrière de vertus exceptionnelles. *Consummata in brevi explevit tempora multa.* (*Sap.* IV.)

disait-elle. Je suis heureuse et fière d'y être.

Et elle désirait voir partager autour d'elle cette sainte fierté et apprécier ce surnaturel bonheur.

Comme le nombre de ses filles devait être réduit de moitié, une vingtaine partit pour la mission ou pour la Belgique où les rappelait la Mère générale. En présidant à ces départs son cœur maternel saigna cruellement. Quand elle adressa aux exilées ses derniers adieux, elle ne put, malgré sa grande énergie, maîtriser complètement l'émotion qui l'étreignait, et les larmes qu'elle s'efforçait de refouler étouffèrent un moment sa voix.

Mais Mère Marie de la Croix n'était pas femme à se complaire dans de stériles doléances. Le sentiment, chez elle, menait de suite à l'action. Il fallait organiser la vie dans des conditions nouvelles. Elle pourvut à tout. Les Sœurs habitèrent dans des appartements où elles se retiraient seulement pour prendre le repos de la nuit. Le matin, elles se rendaient à la Messe, soit aux paroisses de Chaillot ou du Gros-Caillou, soit à la chapelle des Auxiliatrices de la rue Jean-Goujon, selon la proximité de leurs résidences. A 8 heures, on arrivait au Cours la Reine pour prendre son emploi jusqu'au soir où chacune se retirait dans son appartement.

Les exercices de piété ne se faisaient plus en commun, mais, aux heures de liberté laissées

par les travaux de l'atelier, on venait s'en acquitter en particulier dans la chapelle d'où le Maître
était parti.

Il fallait conserver les observances malgré de
grands obstacles, pratiquer les conseils évan-
géliques dans des conditions nouvelles, et, tout
en portant des vêtements séculiers, éviter la
mondanité autant que le ridicule. Mère Marie
de la Croix veilla donc à ce que tout fût convenable et séant, mais bannit toujours l'usage et
le goût de ces superfluités vaniteuses dont le
sens humain admet vite la nécessité sous de
vains prétextes. Elle n'aurait jamais admis qu'à
la faveur de cette situation fâcheuse, l'esprit
d'un siècle, dont il fallait malheureusement
porter les livrées, s'introduisît parmi ses filles.

A l'époque dont nous parlons, ce ne fut pas
seulement la sécularisation des Sœurs qui occupa
Mme Jouet. Les religieux se dispersèrent aussi en
divers domiciles dont l'installation lui incomba
presque toujours. De tous côtés on s'adressait
à elle et elle avait souvent lieu de s'égayer au
sujet de lettres de remerciements très originales
qui finissaient régulièrement par une nouvelle
demande.

« Changer « la Croix » en Rose (1), lui écri-

____

(1) Mère Marie de la Croix, à la sécularisation, quitta son
nom de religion pour reprendre son nom de famille : *Rose Jouet.*

vait spirituellement un reconnaissant quéman-
deur, il a fallu Valdeck-Rousseau pour accomplir pareille métamorphose. »

En effet, Mlle Rose Jouet demeurait pour tous
Mère Marie de la Croix.

C'était le noviciat des religieux exilés, c'était
leur maison d'études, c'était un alumnat, qui,
tour à tour — à moins que ce ne fût simultanément — lui présentaient leurs requêtes.

Dans un embarras ou une détresse quelconque,
le moyen le plus vite trouvé pour en sortir,
était « d'en parler à la Directrice du Cours la
Reine ».

Il est vrai que la Providence, voyant ce cœur
si largement ouvert, se plaisait à lui envoyer
quantité d'objets de toutes sortes : meubles,
literie, vieilles tables, vêtements, chaussures, etc.,
que des donateurs mettaient à sa disposition.
Tout était remis en état et trouvait bientôt sa
place. Il fallait voir la Mère présider elle-même
aux emballages et aux expéditions, et jouissant
par avance du plaisir qu'elle allait causer.

Ces cinq premières années de sécularisation
furent marquées pour elle par des soucis complexes et des souffrances multiples :

Toutes les démarches des Sœurs étaient
épiées. Leurs entrevues avec la Mère générale
devenaient rares et difficiles. Nos Pères, quoique
dispersés dans des appartements, n'étaient jamais

assez dissous, même quand ils étaient réduits
à l'unité. C'étaient des tracasseries incessantes
contre eux. A différentes reprises, les perquisi-
tions recommencèrent à leurs domiciles privés.
De nouveaux procès contre les personnes et
contre les biens s'instruisirent qui, toujours,
aboutissaient à des condamnations. La *Croix*
elle-même, bien qu'elle ne comptât plus un
Assomptioniste parmi ses rédacteurs, fut de
nouveau perquisitionnée.

Pendant cette période orageuse, Mme Jouet
était sans cesse sur le qui-vive, s'ingéniant chaque
jour, soit pour sauver des documents précieux,
soit pour mettre à l'abri les meubles de la Congrégation. Démarches, fatigues, voyages en Belgique, rien ne fut épargné. Une constance plus
qu'ordinaire se fût lassée vingt fois : la sienne,
loin de manquer aux difficultés, les dépassait
toujours.

En 1903, le P. Picard, qui, depuis 1900,
parcourait tous les chemins de l'exil où ses
enfants étaient dispersés, expirait à Rome, le
16 avril. Pour la Mère, qui avait voué à son
supérieur une affection si filiale, qui avait si
bien compris sa pensée et avait mis à la réaliser
toutes ses puissances d'action, ce fut une
profonde douleur; mais avec sa vaillance habituelle, elle resta debout. Aucune parole, aucune
dépression morale ne traduisit au dehors la

souffrance que tout le monde devinait et comprenait.

Plusieurs de ses filles moururent aussi loin de la maison. Quelle tristesse encore pour elle! Comme elle ressentait péniblement la grandeur du sacrifice que la persécution imposait aux chères malades, mais quelle bonté elle témoigna dans ces occasions! Elle ne reculait devant rien pour le soulagement et la consolation des pauvres séparées; aucun dérangement, aucune dépense, aucune complication ne comptait. Sa sollicitude, pourtant déjà notoire, redoublait alors. Elle cherchait à savoir ce qui pouvait faire plaisir, pour le procurer aussitôt, et même, prévenait les désirs par les attentions les plus délicates et les plus maternelles.

En 1905, la loi de séparation permit de rouvrir la chapelle. Le grand crucifix fut replacé sur le tabernacle qui cessa d'être désert. On reprit une partie de la vie normale. Les grandes malades furent soignées à la maison: quatre d'entre elles purent être ainsi suivies de plus près par la Mère et mieux consolées et fortifiées pour le dernier passage.

CHAPITRE XI

*Nouveaux développements de la Bonne
Presse — Hôtel de Chambrun — Garage rue Jean-Goujon — Inondations
de 1910 — Pèlerinage de Rome*

Malgré les persécutions et les souffrances, et
peut-être même à cause d'elles, Dieu continuait de bénir l'œuvre qui, sous l'impulsion de
M. Feron-Vrau, allait toujours grandissant. En
1906, les premières linotypes (1) qui devaient
transformer le travail des compositrices, faisaient leur apparition dans les ateliers. Leur
baptême était l'occasion d'une fête familiale et
religieuse, dont l'organisation requérait, comme
toujours, l'initiative de Mme Jouet.

En 1907, l'acquisition de l'hôtel Chambrun,
en étendant le champ d'action de la Bonne
Presse, augmenta encore les labeurs et les responsabilités de Mère Marie de la Croix.

Cet hôtel avait été acheté par la Société Saint-
Michel afin d'assurer un asile à la publication

______

(1) Le nombre de ces machines atteignit dix-huit en 1910. Il
est aujourd'hui de vingt.

de la *Croix* au cas où le fisc mettrait la main sur le matériel acheté par M. Feron-Vrau. En attendant cette extrémité qui, heureusement, n'arriva pas, l'immeuble servit à toutes les œuvres catholiques du diocèse. La deuxième réunion de tous les évêques de France y tint ses assises. En dehors des Congrès de la Croix, des réceptions de l'archevêché, on y vit successivement des Ventes de charité, des concerts de bienfaisance, des représentations théâtrales, des séances de projections, des expositions d'art chrétien et d'ornements d'église, des conférences, les banquets de la presse régionale et les Congrès diocésains. Le Tiers-Ordre franciscain y avait ses réunions mensuelles; une installation spéciale pour les prélats de passage leur permettait d'y loger et d'y organiser des réunions.

Plusieurs des nôtres résidèrent sur les lieux, et s'y occupèrent de l'ordre et du service matériel, mais sous la responsabilité de Mme Jouet qui réglait elle-même tous les détails. On imagine difficilement la surcharge que lui apporta cette maison annexe. D'abord, il fallut s'occuper de l'achat et de l'installation du mobilier, car le local avait été livré entièrement vide, à l'exception de la chapelle. Pendant deux mois, la Mère parcourut les quartiers excentriques, le faubourg Saint-Antoine, les maisons de gros et même les chantiers pour l'achat des meubles et ustensiles, ne se laissant rebuter par aucune difficulté, et ne manifestant jamais la moindre impatience, quelque déconvenue qu'il lui advînt.

On vit alors son intelligente activité venir à bout de tout et l'hospitalière maison s'ouvrir à toutes les œuvres catholiques, moyennant une minime rétribution. Les réunions comptaient parfois douze cents personnes. Mme Jouet venait pour organiser, mettre en train, disparaissait, puis revenait au moment où l'on ne pouvait plus se passer d'elle. Le maintien des règlements ne s'obtenait pas toujours sans discussion, mais la Mère n'avait qu'à paraître pour que tout rentrât dans l'ordre, qu'il s'agît de la cuisine, ou du public, ou des acteurs, ou même de très gros personnages et de leurs exigences.

Après avoir été, pendant quatre ans, l'asile des œuvres catholiques à Paris et celui des ateliers de pliage et d'expédition pendant les inondations de 1910, l'hôtel Chambrun fut revendu en février 1911, alors qu'on n'avait plus les mêmes raisons qu'en 1907 pour le conserver. La cession ayant dû se faire très rapidement, le déménagement fut encore une grosse besogne pour Mme Jouet et tout son monde. Pendant plus d'une semaine, les voitures apportèrent les chargements de meubles qu'on ne savait où caser dans cette maison déjà bondée du Cours la Reine. Tant bien que mal, on tassa tout; mais au prix de quelle peine!

A la suite de ces labeurs supplémentaires, la Mère fut accablée d'une telle fatigue que son vigoureux tempérament ne put prendre le dessus. Le médecin consulté déclara qu'elle ne se remettrait qu'après plusieurs semaines de repos absolu au grand air. C'est alors qu'elle se rendit à Gisors pour six semaines, du 28 juin au 12 août. Ces vacances qu'elle prit ou plutôt qu'elle *subit* furent les premières et les dernières de toute sa vie religieuse, où elle ne se délassa de ses labeurs que par les soucis et des soucis que par les labeurs. « *Otium meum, magnum habet negotium*, mon repos est accompagné d'un grand labeur » aurait-elle pu dire avec saint Augustin.

Afin de compenser l'abandon de l'hôtel de Chambrun, on avait acquis, dès juillet 1909, l'ancien garage de la rue Jean Goujon, qui, à cause de sa proximité des immeubles de l'imprimerie, était plus facilement utilisable pour les agrandissements nécessités par l'extension des services. Le hall qu'il renfermait devait servir souvent dans la suite aux grandes réunions du personnel. En octobre 1911, on y donna le banquet des hommes pour le jubilé de M. l'administrateur. En février 1912, ce fut la réception du cardinal Amette, et à partir de 1913, tous les ans, le 19 juillet, la Messe de Saint-Vincent de Paul, en souvenir du P. Bailly. Dans toutes ces occurrences, et nous n'en citons que quelques-unes, Mme Jouet présidait toujours à l'aménagement et à la décoration de la salle de fête, aux apprêts de la Messe, et du banquet, et, les cérémonies terminées, faisait tout débarrasser, puis remettre en place le matériel de travail, en un clin d'œil. Tout se faisait sans bruit, sans tirage, ni précipitation, sans qu'il parût en coûter rien à personne.

Nous avons omis — pour ne pas interrompre l'exposé des développements de la Bonne Presse — le récit de la terrible inondation de 1910, pendant laquelle l'imprimerie du Cours la Reine fut, comme tous les immeubles riverains, gravement éprouvée. On nous pardonnera donc de revenir en arrière, pour parler de cette période critique où Mère Marie de la Croix révéla une fois de plus sa force morale et son endurance physique.

Dès le 18 janvier, l'eau avait couvert la chaussée du Cours la Reine. Les sous-sols envahis, machines à vapeur et dynamos se trouvaient noyées et le gaz faisait défaut. Seul parmi les services, celui de la composition typographique put se continuer dans nos ateliers, mais uniquement en caractères mobiles. Aucun tirage ne se fit plus dans la maison. Les formes de la

Croix, une fois composées, étaient conduites et tirées à l'imprimerie, de la rue de la Lune, d'où les voitures, traversant le pont Henri IV (le seul où cette circulation fût autorisée), transportaient les journaux à l'hôtel Chambrun, rue Monsieur. Là, on avait installé les ouvrières du service d'expédition avec les surveillantes d'atelier qui y avaient élu domicile. C'est de ce poste de secours que les véhicules, chargés des paquets, gagnaient les gares comme ils pouvaient.

La difficulté de communication entre les deux rives avait obligé les habitantes des appartements de la rive gauche — sauf la colonie de la rue Monsieur — à venir camper sur des matelas, étalés à terre, dans une salle de l'hôtel Bonaparte, au numéro 22. On se serra tant bien que mal, afin que tout le monde pût tenir.

La cave, la cuisine, le réfectoire, la buanderie, la loge, l'atelier d'expédition, autrement dit, le rez-de-chaussée, avaient heureusement été déménagés quelques heures avant l'invasion du fléau. L'eau envahissait avec une telle vitesse que, le temps de courir acheter des sabots, elle était montée assez haut pour qu'il ne restât plus que la possibilité de circuler sur des bancs. Bientôt, l'avant-dernière marche du premier étage était atteinte, la cour avait un mètre d'eau. Les architectes qui, dès le début, avait déclaré l'immeuble en danger, devenaient tout à fait pessimistes. Il fallut déménager la chapelle en prévision d'un éboulement. Deux autels furent installés au numéro 22, dans une pièce où le Saint Sacrifice fut quotidiennement célébré sept ou huit fois par les prêtres habitués du couvent de la rue Jean-Goujon, d'où les Auxiliatrices étaient parties pour Versailles. Ce fut pour Mme Jouet et tout son monde une consolation et un réconfort en cette épreuve que la faveur d'assister, chaque matin, d'aussi près aux nombreuses Messes qui se succédaient sans interruption dans l'oratoire improvisé.

C'est qu'en effet, la vie qu'il fallait mener en pleine insécurité n'était rien moins que commode, facile et agréable.

Un petit fourneau de cuisine avait été monté dans un étroit couloir desservant quatre cellules restreintes, dont deux devenaient salle à manger. Par crainte de la famine consécutive au blocus, il avait fallu songer aux provisions. Elles étaient entassées un peu partout dans ce bouleversement général, où le nombre des gens et des objets à caser croissait en raison inverse des locaux habitables.

On ne pouvait plus accéder à la Bonne Presse que par la porte du numéro 5 de la rue Bayard, où s'arrêta l'inondation. En effet, le 28 janvier devait être le dernier jour de la crue : le soir, la Seine fut étale, et dès le lendemain, la baisse commença.

Les épreuves de cette heure douloureuse furent encore aggravées par la mort d'une des sécularisées (1) qui fut terrassée par une grave maladie. Le 17 janvier, elle avait dû s'aliter à l'infirmerie de la maison; le mal progressa avec une rapidité effrayante, et, sous la menace du fléau, on dut transporter la mourante dans une pièce du numéro 22, où elle rendit le dernier soupir.

Grâce à la décrue de l'inondation, survenue l'avant-veille, le cercueil de la défunte put — ce dont on avait anxieusement craint l'impossibilité — sortir par la porte du Cours la Reine, pour les funérailles qui eurent lieu le 5 février à l'église de Chaillot.

Le danger immédiat avait disparu, mais les difficultés ne cessaient point. Les dégâts avaient été énormes; tout était à réparer, Pendant un grand mois, il fallut manœuvrer les pompes pour arriver à retirer l'eau des caves.

A trois reprises différentes, la Seine remonta et donna de grandes inquiétudes. Puis on dut sécher, désinfecter. Les machines ne revenaient

____

(1) Sœur Antoinette qui se dévoua pendant de longues années aux ateliers de la Bonne Presse, dans un humble et constant labeur. La Sainte Vierge vint chercher, au jour de la Purification, cette religieuse fidèle et vaillante dont la bonté inaltérable et la stricte pauvreté ont laissé à ses compagnes et à toutes les jeunes filles un vrai parfum de sainteté.

que peu à peu à leur fonctionnement normal.
Les services ordinaires ne purent être repris que
lentement et péniblement : éclairage et chauffage
faisaient défaut. Les ouvrières étaient obligées
de travailler avec des bougies et de se dégeler
les doigts avec des briques chaudes qu'on leur
renouvelait tout le long du jour. Malgré tout
cela, le travail, qui devait toujours être rendu
à heure fixe, ne pouvait jamais chômer.

On dut subir dans la maison tous les corps de
métier : maçons, gaziers, menuisiers, peintres,
pour remettre en état l'immeuble dévasté. La
chapelle ne fut réintégrée que le 23 mars et le
réfectoire le 27. La vie normale ne put reprendre
qu'en avril.

On devine les préoccupations, les angoisses,
les souffrances de Mme Jouet dans ces conjonc-
tures où pesait en partie sur elle une responsabilité si lourde et si complexe. Dans un pareil
danger pour les personnes et pour les biens, où
il avait fallu assurer la continuation du travail
et son rendement à heure fixe, c'était à elle à
pourvoir aux déménagements, aux campements,
au ravitaillement, à sauvegarder les heures de
prière au Cours la Reine et à l'annexe Chambrun,
l'exercice du culte dans l'oratoire improvisé, soigner et assister une agonisante, se demandant
chaque jour quelle complication amènerait le
lendemain. Et après cela, les ruines à relever!

Mais sa vaillance était toujours à la hauteur des situations. Sa belle et calme endurance, son imperturbable sang-froid ne se démentirent pas un instant et soutinrent tous les courages. En somme, nous ne croyons pas exagérer en disant que ce premier trimestre de 1910, en raison des tracas et des souffrances qu'elle y supporta, a dû compter aux yeux. du Maître comme une des périodes les plus méritoires de sa vie.

Le printemps de 1911 apporta à Mme Jouet une immense joie qu'elle paya d'ailleurs d'une extraordinaire fatigue : ce fut le voyage de Rome.

Les membres de l'Association de Notre-Dame de Salut ayant décidé, à l'occasion du décret libérateur *Quam singulari,* d'envoyer au Saint-Père une délégation des premiers communiants, demandèrent à Mère Marie du Christ, pour conduire et surveiller ce pèlerinage, le concours de ses filles. Mme Jouet, ayant été désignée avec huit de ses Sœurs, partit donc le 9 avril pour accompagner cent trente enfants, âgés de sept à neuf ans. Ce n'était pas peu de chose. Il fallait réunir et embrigader tout ce petit monde, le soigner, le surveiller, suffisamment pour le sauvegarder matériellement et moralement, mais pas assez pour l'empêcher de s'ébattre, en profitant des distractions du voyage. Chaque sur-

veillante eut la responsabilité d'une douzaine
d'enfants, pendant que la Mère avait l'œil à
tous les besoins temporels et spirituels. Elle
organisa la prière : les voix enfantines, en fen-
dant l'espace, semaient les échos de leurs *Ave
Maria* et de leurs cantiques. Puis, quand venait
l'heure du goûter, des gâteries surgissaient d'inépuisables paniers de provisions pour tromper la
longueur du parcours. Oranges, biscuits, cho-
colats, disparaissaient comme par enchantement.
Parfois, le ballottement du train, assez semblable au tangage d'un vaisseau, produisait
des effets fâcheusement analogues sur certains
petits pèlerins, mais, dans les réserves de la
Mère, il y avait remède à tout.

Malgré la pétulance bien naturelle à leur âge,
les chers petits, se sentant choyés et aimés,
étaient généralement dociles et pieux. Leur ins-
tinct les avertissait que ceux qui les entouraient
ne voulaient que leur bien et leur plaisir. En
effet, Mme Jouet s'ingénia pour que tous pussent
profiter des belles cérémonies religieuses et des
visites aux monuments de la ville ou des environs. Les jeunes pèlerins furent ravis. Après
leur audience générale à la Chapelle Sixtine,
Mme Jouet fut honorée, avec une de ses compagnes, d'une audience particulière, où elle eut
la joie d'offrir au Saint-Père, pour son oratoire,
le linge d'autel confectionné à son intention par

l'une d'entre nous (1). Elle revint toute rayonnante de bonheur surnaturel : Pie X s'était montré si paternellement bon pour la famille assomptioniste!

La visite aux grands sanctuaires de la Ville Éternelle, Saint-Pierre de Rome, le tombeau des Apôtres, Sainte-Marie-Majeure, le Latran, le Colisée, les Catacombes, ne ravissaient pas moins sa foi si profonde et sa piété si sérieuse. Les cinq jours passés à Rome furent consciencieusement employés et le retour s'effectua sans complications. Grâce à l'organisation prévoyante de Mme Jouet, tout avait marché à souhait. Nous débarquions à Paris le 17 au soir, très fatiguées évidemment, mais sans accidents, sans malades, remerciant les bons anges, grâce auxquels pas un de nos enfants n'avait été égaré. Ces derniers rapportaient de leur pèlerinage un ineffaçable souvenir.

Mère Marie de la Croix se ressentit pendant plusieurs semaines de l'extraordinaire fatigue de ce voyage, mais ne prit aucun repos et ne retrancha rien à ses labeurs accoutumés ni aux quatre heures de prière quotidienne qu'elle pratiquait. Pour y suffire, la nuit était écourtée par

____

(1) Sœur Inès, gravement malade, avait tenu à faire elle-même ce pieux travail sur son lit de douleur. Elle mourut le 23 août suivant, dans les sentiments d'une profonde obéissance et d'une vive piété.

les deux bouts. Aux veilles, se joignaient les jeûnes fréquents. Outre le Carême entier, les jeûnes d'église et ceux de règle, Mère Marie de la Croix jeûnait tous les vendredis. Elle ne cessa qu'en 1918, quand elle en eut reçu la défense. Tous ceux qui la voyaient mener cette vie se demandaient comment elle y tenait. Mais son énergie portait allégrement ce qui eût accablé les plus vaillantes.

Jamais elle ne se permit la moindre détente. Le noviciat de Froyennes (Belgique) lui demeura inconnu, malgré toutes les sollicitations de Mère Marie du Christ, jusqu'en août de cette même année, quand elle s'y rendit à la retraite prêchée pour les supérieures. Il ne fallut pas moins que ce motif de régularité pour la décider à déserter son poste, ne fût-ce que pendant huit jours.

On comprendra qu'un tel régime ait usé prématurément cette santé pourtant si résistante. Sans qu'elle en laissât rien paraître, ses forces étaient déjà minées sourdement.

Elle le sentait et écrivait à une de ses filles :

Eh oui, il faut se résigner à n'avoir plus vingt ans. Je m'en aperçois aussi. Cela paraît plus dur quand on a eu assez de santé pour n'être pas obligée de s'occuper de son corps. Tout est bon pour se sanctifier, et à chaque moment le Maître donne ce qui convient.

Le dernier fait qu'il nous reste à noter, avant les tragiques événements de 1914, fut la célébration du vingt-cinquième anniversaire de la profession religieuse de Mère Marie de la Croix, par la petite famille du Cours la Reine, le 22 janvier 1913.

A cause de la sécularisation, tout se passa dans la plus stricte intimité. Mais la prière, l'action de grâces surtout, la poésie, la musique, les fraternelles agapes donnèrent à ce jubilé d'argent la note affectueusement surnaturelle, distinguée et joyeuse, caractéristique de l'Assomption que la chère jubilaire aimait tant.

CHAPITRE XII

La guerre

La Grande Guerre apporta dans la Maison de la Bonne Presse une perturbation profonde : aux difficultés du début, que la suite n'atténua pas, se joignirent successivement de nouvelles complications pendant les cinq années d'hostilités.

Mme Jouet fit face à tout, aux dépens de sa santé et, on peut l'ajouter, au prix de sa vie. Elle, dont l'âme était si profondément et si pratiquement sympathique à toute souffrance, trouvait bien là le vrai champ d'exercice pour sa charité. Tout comme Jeanne d'Arc dont le cœur saignait « de la grande pitié du royaume de France », la Mère, émue de la grande douleur de la patrie, allait en épouser tous les contours. On serait embarrassé de nommer, parmi les victimes de la guerre, une catégorie à laquelle elle ne s'intéressa pas efficacement.

Dès le premier jour de la mobilisation, cent dix employés ou ouvriers de la Bonne Presse quittaient les ateliers, faisant leurs adieux au milieu d'une émotion indescriptible. Ils disaient leurs angoisses pour la famille qu'ils laissaient, mais tous faisaient leur sacrifice sans un mot de récrimination ni de plainte. Ils emportaient avec confiance, comme un talisman, la médaille de la Sainte Vierge dont aucun n'eût voulu se priver, et la promesse que nous leur faisions de prier pour eux les réconfortait. C'était un magnifique ressaut de patriotisme dont nous étions fiers autant que consolés. Jamais nous n'avions senti vibrer à ce point l'unanimité de sentiment et de pensée dans notre personnel : il nous était donné de voir ce qu'un chrétien valait à l'action. Ceux que retenait leur âge ou leur santé, entouraient affectueusement les partants ; puis un moment après, on les surprenait à sangloter la tête dans leurs mains. Mais bientôt ils se relevaient en hâte pour faire un travail double afin de suppléer les absents.

L'exode vers la frontière continua les jours suivants : nos Pères de France partaient aussi ; quarante-huit arrivaient d'Orient pour rejoindre leurs corps. En hâte, Mère Marie de la Croix fit préparer à tous un trousseau de troupier — et cela non sans peine, — car il fallait presque se battre dans les magasins pour obtenir certains objets qu'on s'arrachait littéralement. En hâte aussi, elle dut pourvoir à l'approvisionnement : c'était partout un vrai pillage de toute substance

alimentaire. La France était en état de siège ;
on ne recevait plus de courrier ; les trains ne
marchaient que pour les mobilisés. Plusieurs
ouvrières étaient parties pour la Croix-Rouge,
comme secouristes ; d'autres avaient rejoint
leur famille en province. Quant à celles qui restaient, pour qu'elles n'eussent pas trop à souffrir pécuniairement du départ de leurs mobilisés, la Mère s'efforça de leur trouver de l'occupation. On les fit travailler aux volumes et l'on
diminua la longueur des journées. Du reste, la
Croix paraissait encore, quoique réduite au
petit format.

Bientôt furent coupées les communications
avec la Belgique et le Nord. Mère Marie de la
Croix, dévorée d'inquiétude, excitait ses filles
à redoubler de ferveur dans la prière. Nos premiers désastres eurent un douloureux retentis-
sement dans son cœur de Française. Puis, ils
produisirent nécessairement leur répercussion
sur l'œuvre dont elle était chargée, décuplant
à la fois son labeur et ses responsabilités.

Vers la fin d'août 1914, à la nouvelle que les
Allemands s'avançaient sur Paris et que le gouvernement se retirait à Bordeaux, des questions
angoissantes se posaient pour la Maison de la
Bonne Presse. Qu'allait-elle devenir ? Que ferait
la *Croix* ? Ne fallait-il pas mettre le personnel
en sûreté ? Après délibération, il fut réglé que

Mme Jouet resterait avec onze des nôtres pour garder le poste et y mourir, si Dieu le permettait, tandis que les trente autres se réfugieraient à Lourdes avec Mère Marie du Christ. Le 1er septembre, un train spécial d'évacuation emmenait notre monde vers la Grotte. L'embarquement avait eu lieu au milieu d'une cohue indescriptible. L'heure fut déchirante. Quand se reverrait-on ? Que retrouveraient au retour les expatriées ? Le miracle du 8 septembre trancha la question. Le Conseil de la Bonne Presse avait décidé le 2 août que la *Croix* se ferait dans le Midi. Le restant du personnel masculin et un groupe d'ouvrières devaient partir le 6 pour Marseille où le groupe de Lourdes les rejoindrait. Mère Marie de la Croix avait déjà tout préparé pour ce départ que des nouvelles meilleures firent différer d'abord et supprimer ensuite. Le journal resta à Paris et continua de paraître. Pendant trois mois, la Mère, avec dix personnes, suffit à tout par des prodiges de dévouement.

Juste au moment de ce surmenage extraordinaire, arrivèrent les premiers blessés de l'ambulance créée dans l'atelier de brochure du quatrième étage sur la demande instante de l'Association de Notre-Dame de Salut. Il avait fallu pourvoir à la literie, à la lingerie, à la pharmacie, à l'outillage d'une salle d'opérations. Mère Marie de la Croix organisa tout et porta la plus lourde part des responsabilités, se multipliant pour suffire en même temps au gouvernement de sa maison et à celui du personnel infirmier. Elle surveillait l'approvisionnement et le régime des soldats. A l'occasion des fêtes, elle aimait à leur ménager d'aimables réjouissances : tantôt une loterie, tantôt un dessert supplémentaire qu'elle leur distribuait de ses propres mains avec une joie surnaturelle et charmante qui en doublait le prix.

Des dévouements bénévoles offrirent leur précieux concours à cette œuvre de guerre ; mais les difficultés ne manquèrent pas. La charité, la délicatesse, le doigté infaillible de celle qui en était l'âme, évitèrent tous les heurts. L'ambulance, qui comptait 55 lits, fut réputée l'une des plus parfaites, à tous les points de vue. Les blessés, qui y étaient maternellement choyés et comblés de douceurs, y affluaient. On leur procurait les secours spirituels avec un zèle infatigable, quoique toujours opportun, discret et respectueux de leur liberté.

Les prêtres mobilisés dans les grands locaux voisins venaient en nombre célébrer le Saint Sacrifice dans l'hospitalière chapelle du Cours la Reine. Mme Jouet fit installer des autels portatifs pour que six prêtres pussent dire la Messe de 5 heures à 6 heures, le seul moment dont ils disposaient.

Vers la fin de novembre, la situation militaire s'étant légèrement améliorée, Paris sembla dans une sécurité relative. Les réfugiées de Lourdes, qui s'occupaient aussi d'une ambulance, rentrèrent dans la capitale avec la Mère générale, et, pour le 1er décembre, chacune reprenait son poste. Ce renfort arrivait opportunément. Chaque jour, en effet, s'éclaircissaient les rangs des ouvriers restants; la mobilisation continuait et on n'arrivait qu'à grand'peine à tirer la *Croix*, le *Pèlerin* et le *Noël*.

L'année 1915 apporta son contingent ordinaire de soucis et d'imprévus. Au mois de janvier, Mère Marie de la Croix se fit, en tombant, une douloureuse fracture du poignet, dont elle fut gênée pendant assez longtemps, mais qui ne lui laissa heureusement aucune suite fâcheuse.

Un peu plus tard, un commencement d'incendie dans les chambres des officiers, à l'hôtel Bonaparte, se produisit, en plein jour heureusement, ce qui préserva la maison d'un affreux sinistre.

En avril, ce furent d'importantes transformations dans l'ambulance qu'il fallut réorganiser pour la spécialisation des blessés à la tête.

En juillet, il y eut la préparation et l'expédition des colis pour la fondation de l'alumnat de X... et de la maison d'Oblates qui devait en assurer le service matériel. Ceux qui ont connu

Mme Jouet savent ce que ces quelques mots peuvent représenter de travail, d'attentions maternelles et d'ingénieuse charité. Ils savent aussi, et c'est là le plus étonnant et le plus admirable, combien souvent la chose se répéta. Les besoins pourvus sur un point, renaissaient sur un autre, et l'incomparable Mère n'avait jamais fini... de continuer.

L'effroyable guerre, en devenant mondiale, avait bouleversé les missions des Oblates en Orient. Des œuvres florissantes en Bulgarie et en Turquie durent être abandonnées, sans qu'on pût rien sauver d'un matériel si laborieusement rassemblé. Les Sœurs missionnaires, munies seulement d'un modeste bagage à la main, arrivaient en France, en décembre 1915, épuisées de fatigue et dépourvues de tout, à travers mille péripéties et d'extrêmes dangers : les unes par mer, après avoir été retenues dans des camps de concentration; les autres après un interminable voyage à travers la Russie, la Scandinavie et l'Angleterre. Il fallut leur assurer un gîte et des ressources. Ce fut encore à Mme Jouet que Mère Marie du Christ confia cette laborieuse mission. Une maison non achevée, et que l'administration de la Bonne Presse faisait bâtir à Sèvres avant la guerre, pour le repos estival de son personnel féminin, fut, à l'instigation de la directrice des ateliers, achevée, organisée, meublée, pourvue de literie et de linge à un moment où tout était déjà bien difficile à trouver. Des courses continuelles à Sèvres s'imposaient en sus de l'ambulance et de tout ce qu'on sait. Ce fut un labeur énorme qui porta une atteinte très sérieuse à la santé de la Mère. Mais qu'était cela pour elle, au prix du bonheur d'accueillir les chères réfugiées ? Elle se donna comme toujours sans compter, multipliant ses prévenances exquises ; aussi les intéressées ont-elles gardé de cette époque un souvenir ému, comme le prouvera la lettre suivante de Mère Johanna :

Quand nous (1) arrivâmes à Sèvres, le 3 janvier 1916, toute la maison se trouvait soigneusement préparée : une chapelle, un tabernacle que le Maître devait habiter le lendemain ; des cellules, des lits tout faits ; un réfectoire, des couverts, une cuisine, un repas prêt à servir que la chère Mère eut la bonté de vouloir présider. Chaque semaine, une Sœur allait de Sèvres à Paris chercher auprès de Mère Marie de la Croix le secours pécuniaire de la semaine et en rapportait toujours quelques nouvelles surprises inventées par sa sollicitude maternelle.

Les missionnaires d'Orient réfugiées à Sèvres n'oublieront jamais ce que fit pour elles Mère Marie de la Croix.

Un peu plus tard, en mai 1916, lorsque nos

---

(1) Mère Johanna arrivait avec 27 Sœurs missionnaires.

missionnaires eurent trouvé l'emploi de leur
dévouement dans diverses ambulances, où Mère
Marie du Christ fut heureuse de voir apprécier
ses filles, la maison de Sèvres devint l'abri du
noviciat de Froyennes, enfin revenu de Belgique,
sous la conduite de Mère Berthe-Marie. Mère
Marie de la Croix renouvela pour les chères
réfugiées de Belgique les délicatesses qu'elle
avait prodiguées aux rapatriés d'Orient, comme
aussi aux Sœurs évacuées d'Armentières (1).
Les novices demeurèrent dans l'hospitalière
maison jusqu'au moment où le bombardement
de la région parisienne les obligea à un nouvel
exode.

Nous avons dit plus haut que les multiples
déplacements de Sèvres, joints aux surcroîts de
l'ambulance, avaient atteint sérieusement la santé
de Mère Marie de la Croix. Elle changeait à vue
d'œil; sa belle taille, si digne jadis dans la rec-
titude de sa prestance, déviait sensiblement;
ses jambes, jusque-là infatigables, devenaient
réfractaires à la marche. Son entourage observait avec une tristesse silencieuse ces signes
avant-coureurs d'un déclin prématuré. En avril
1916, une paraphlébite lui interdit l'usage de
ses jambes pour trois semaines. Elle supporta
patiemment sa captivité et continua à tout

---

(1) Accueillies à la Bonne Presse en 1915.

diriger dans la maison, en demeurant à son bureau pour recevoir tout le long du jour quiconque avait à lui parler. Ce demi-repos forcé produisit son effet bienfaisant; la vigoureuse constitution de la Mère triompha cette fois encore; et, quoique ses forces fussent bien diminuées, on eut la joie de la revoir à son poste à la fin de mai pour la Vente de Notre-Dame des Vocations. Elle allait, grâce à une extraordinaire énergie, fournir encore une étape, la dernière, qui devait durer trois ans.

L'année suivante apporta à Mère Marie de la Croix un douloureux sacrifice : la mort de sa mère. Depuis le mois de janvier, la vénérable octogénaire, sentant ses forces décliner, avait manifesté, à différentes reprises, le désir de revoir sa fille avant de mourir, espérant, disait-elle, que Dieu ne lui refuserait pas cette suprême consolation. Mère Marie de la Croix, dans un détachement d'une simplicité héroïque, ne posa la question ni à ses supérieurs ni à elle-même.

Elle estima qu'à une époque aussi difficile, outre la responsabilité qui l'attachait à son poste, elle ne pouvait jouir sans scrupule de la faveur de revoir sa famille, quand la plupart de ses filles étaient sans nouvelles de la leur, par suite des nécessités de la guerre. Mme Jouet mère, ayant adressé en avril, par l'intermédiaire de deux amies de Narbonne, un appel plus instant à sa fille, celle-ci s'efforça de faire comprendre à sa mère que la volonté de Dieu, manifestée par les événements, leur imposait à toutes deux une privation douloureuse.

24 avril 1917.

MA BIEN CHÈRE MAMAN,

J'ai eu hier la visite de Mlle L...; aujourd'hui celle de Mme S... L'une et l'autre m'ont transmis ton grand désir de me voir.

Crois, ma chère maman, que ce revoir serait aussi une joie pour moi. Mais tu comprends que les circonstances ne peuvent le permettre en ce moment. Nous avons de telles complications de tous les côtés que j'hésite souvent à sortir seulement deux heures. Tu sais qu'on a toujours cherché à vous faire plaisir et que, si on ne le fait pas en ce moment, c'est qu'on ne le peut pas. Après la guerre, il faut espérer que quelque heureuse circonstance permettra une fugue dans le Midi. En attendant, tenons-nous bien tranquilles dans la main du bon Dieu et comptons sur lui pour arranger toutes choses. Il est si bon Père. Pourquoi ne pas se fier à lui? C'est donc bien entendu, Nous attendons avec une confiance toute filiale qu'il nous accorde ce qui nous est utile et bon, et s'il y a sacrifice dans cette attente, nous l'offrons pour le rachat de notre pauvre France et d'âmes qui ont besoin de conversion.

Adieu, ma chère maman. Je t'embrasse de tout cœur en fille très aimante,

ROSE.

Pour ne pas impressionner péniblement la mourante, elle s'exprime en des termes qui n'impliquent pas encore l'idée de la séparation dernière; on sent qu'elle contient sa tendresse filiale. Son incomparable esprit de foi et sa magnifique énergie pénétrèrent le cœur de la malade qui se résigna enfin, suavement. Elle vécut un mois encore. Vers la fin d'avril, Mère Marie de la Croix, avertie par les siens de l'affaiblissement rapide de sa mère, lui adressait ce dernier adieu :

22 mai 1917.

Ma bien chère maman,

Tu es plus souffrante, me dit Louis. J'en suis bien peinée et je redouble mes prières pour toi. Que le bon Dieu t'aide à porter l'épreuve de la maladie et à accepter toutes choses dans un abandon parfait à ses desseins sur toi. Tu l'as toujours servi et aimé; il t'a demandé bien des sacrifices : aucun ne sera perdu, et celui de ta fille donnée généreusement pour son service est peut-être celui qui t'attirera le plus de grâces. Donc, courage et confiance, ma bien chère maman, si tu souffres, pense à Notre-Seigneur qui a tant souffert pour nous; baise ton crucifix et demande au Maître de l'aimer assez pour savoir tout accepter pour lui.

Je t'embrasse, ma bien chère maman, et te confie à la Très Sainte Vierge pour qu'elle te protège et te bénisse.

Ta fille qui t'aime bien,   Rose.

Le sacrifice, en effet, même après trente années, n'avait rien perdu de son amertume pour Mme Jouet-Bissière. Sa pieuse fille voulait qu'elle en recueillît du moins tout le fruit. Aussi, bien que son cœur fût broyé par la pensée des souffrances qu'elle avait imposées jadis et qu'elle imposait encore à sa mère en cet instant suprême, Mère Marie de la Croix, ménageant l'émotion maternelle, passe, en l'effleurant à peine, à travers sa propre douleur; elle s'efforce délicatement, avec une douceur paisible, de réconforter la mourante par des vues de foi, de confiance, d'abandon envers le Maître qui lui avait demandé son bien le plus cher en ce monde.

Elle laisse parler plus librement son cœur dans cette lettre adressée le même jour à son frère et à sa belle-sœur, mais la note surnaturelle domine toujours :

22 mai 1917.

Mes bien chers amis,

Il m'est absolument impossible d'aller à vous. Je sais le grand désir qu'avait maman de me revoir; elle me le répétait sans cesse, et vous pensez bien que c'eût été pour moi aussi une bien grande consolation de la revoir, de l'entourer de soins et d'affection en ces derniers jours; d'être auprès de vous et de porter ensemble notre commune douleur si notre chère maman nous quitte. Elle qui n'a jamais vécu que pour sa famille, pour ses enfants, eût été heureuse de nous avoir tous auprès d'elle. Ma consolation est de penser que ce sacrifice servira à son âme en l'épurant, la rapprochant davantage du bon Dieu.

En lui, restons bien unis ; adorons ses décrets, et, quoi qu'il nous demande, sachons dire un *Fiat* généreux. Tenez-moi au courant, mes chers frère et sœur, et croyez que je suis vôtre plus que jamais.

Je vous embrasse vous, Mimi et ma chère maman de tout cœur.

Rose.

Le lendemain, Mme Jouet rendait sa belle âme à Dieu, après avoir reçu tous les secours de la religion dans les sentiments de la piété la plus édifiante, couronnant ainsi par une sainte mort une vie exemplaire de fidélité à tous ses devoirs de chrétienne (1), d'épouse et de mère. Toutes les lettres de condoléances des amis de la famille témoignent de la haute et universelle estime dont jouissait la défunte. On nous pardonnera de citer la suivante qui montrera la qualité des sympathies suscitées par la mère et la fille :

Toulouse, ce 8 juin 1917.

Bien chère Madame et amie,

Malgré mon silence trop prolongé, vous n'avez sûrement pas douté un instant de la grande part que

---

(1) Les Narbonnais qui l'ont connue témoignent qu'en ses dernières années, Mme Jouet, impotente à peu près privée de l'usage de ses jambes, ne manquait jamais de se faire transporter à la Messe en voiture le dimanche, et même souvent la semaine.

j'ai prise à votre chagrin. Je l'ai fait mien de toute la respectueuse et profonde affection que je gardais à votre chère et sainte mère. Notre enfance fut si entourée et si gâtée par elle et vous, que les années n'ont pu en altérer le souvenir et que, pour moi comme pour les miens, l'amie de notre mère était plus qu'une amie de la maison...

J'ai pleuré et je pleure Mme Jouet, comme si un peu plus encore de maman était parti avec elle. Et, bien sûr, là-haut, ces deux belles âmes se sont reconnues et embrassées, et de là-haut elles veilleront sur nous tous plus encore que dans le temps. Combien votre chagrin a dû être doublé par l'éloignement, et que la croix de la séparation doit être lourde à de telles heures! Je sens combien seul le don total et absolu de soi peut la faire accepter.

Si pauvres que soient mes prières, je prie et j'ai prié pour vous, chère Madame et amie, et je vous redis mon fidèle souvenir. Je vous demande de me conserver votre affection si sûre et si forte, j'aime à m'y appuyer et à compter sur vos prières. Nos mères sont des saintes bienheureuses, leur vie nous en est un garant certain.

Que le Sacré Cœur daigne consoler et fortifier lui-même la grande douleur qu'il vous envoie. Je suis maladroite à vous redire mon immense compassion, mais, vous savez qu'elle part du cœur et l'accueillerez comme telle. Pour moi, c'est tout un passé qui s'éteint avec votre chère sainte. Son sourire reste à jamais fixé dans ma mémoire et sa maternelle affection un des souvenirs les plus doux de ma petite enfance. Sans compter vos gâteries à vous, chère amie, et l'affectueuse condescendance de M. Louis et de votre bon père. J'aime à revivre tous ces souvenirs!...

C.

Ce fut le 24 mai, premier jour de la Vente des Vocations, que Mère Marie de la Croix reçut la dépêche annonçant la fatale nouvelle. Surchargée de préoccupations tyranniques et d'un travail écrasant, elle prit juste le temps de lancer à la poste le mot suivant pour M. et Mme Louis Jouet :

24 mai 1917.

Mes bien chers frère, sœur et nièce,

Encore un deuil qui, pour être prévu, n'en est pas moins douloureux. Heureusement, notre chère maman nous laisse le souvenir et l'exemple d'une vie de parfait dévouement, et nous avons la confiance qu'elle est auprès du bon Dieu. Elle nous obtiendra bien des grâces.

On prie ici beaucoup pour elle. Hier, au reçu de votre premier télégramme, je l'envoyai à M. Jacquot qui a dit la Messe ce matin pour notre chère maman, et tout mon monde a communié à cette Messe pour elle. Quand la nouvelle sera connue, elle aura les prières de toute notre famille. Et vous aussi, n'êtes pas oubliés dans ces prières.

Je n'ai eu la première dépêche qu'hier soir vers 8 heures et la seconde à 10 heures 1/2 ce matin.

Adieu, mes chers amis. Je n'en puis dire plus long,

mais je pleure et prie avec vous et vous embrasse
tous de tout cœur.

Rose.

Puis elle s'en alla, vaillante, à son labeur,
comme si rien ne se fût passé, défendant que
son deuil fût annoncé aux dames de l'œuvre,
continuant à faire un accueil aimable à chacune.
Stabat juxta crucem (1), comme toujours, mais,
ce jour-là, admirable comme jamais. Dans une
pensée de foi sublime, elle jugeait qu'une telle
épreuve, en un pareil moment, devait attirer sur
l'œuvre tant aimée des faveurs exceptionnelles.

Ce fut le 27 mai seulement, au lendemain de
la Vente, qu'après avoir reçu de consolants
détails sur les derniers moments de sa mère, elle
put enfin se ressaisir, et écrivit aux siens la
touchante lettre qui suit :

27 mai 1917.

Bien chers frère, sœur et Mimi,

Merci pour la bonne lettre reçue ce matin qui m'a
porté les détails les plus consolants sur la mort de
notre chère maman. Cette mort si paisible a été la
récompense des sacrifices qu'elle avait su porter en
chrétienne, et il faut bien remercier le bon Dieu de
lui avoir évité les angoisses de la dernière heure tout
en permettant qu'elle reçoive tous les sacrements en
pleine connaissance.

Je comprends votre émotion en la voyant partir si

______

(1) Elle était debout au pied de la croix.

rapidement, et croyez que, depuis votre télégramme de mercredi soir, j'ai vécu plus avec vous qu'ici, tout en m'occupant de ce que j'avais à faire. Ce qui est surtout consolant et fortifiant, ce sont les nombreux témoignages de sympathie qui se traduisent par la prière.

Le P. Am... a dit la Messe pour notre chère maman jeudi et aujourd'hui; le P. An... vendredi; le P. Claude et le P. Maximin vont la dire un de ces jours. Nos ouvrières se sont cotisées pour faire dire une neuvaine de Messes dont le P. Am... s'est chargé.

A mesure que la nouvelle se répand, je reçois visites et lettres les plus affectueuses, toutes avec promesses de prières et de Messes.

Aussitôt la recommandation parue dans la *Croix,* les enfants ont fait circuler une liste de souscription de prières et m'ont offert ce bouquet spirituel accompagné du mot le plus délicat. Les Sœurs ont fait de même et m'ont remis une seconde image portant des promesses considérables : 651 Messes et Communions; 701 chapelets; 724 actes de mortification; 665 Chemins de Croix; 662 fois 5 *Pater* et *Ave*. Je garde cette image et vous envoie celle des enfants comme souvenir de cette date douloureuse et aussi consolante, car nous pouvons espérer que c'est celle du triomphe pour notre chère maman.

Oui, j'ai souffert et je souffre de n'avoir pu la revoir, de n'être pas auprès de vous en ce moment; moins que jamais je pouvais m'éloigner. Je suis persuadée d'ailleurs que ce sacrifice accompli et accepté aura apporté une moisson de grâces à la chère mourante. Le bon Dieu a agi encore une fois avec noùs *fortiter et suaviter*. Il a envoyé l'épreuve douloureuse, mais par combien de grâces ne l'a-t-il pas adoucie !

Remercions-le de tout, et gardons du souvenir de la vie de notre chère maman l'exemple et le réconfort les plus puissants.

Je n'ai pu vous dire encore que le colis est arrivé à temps pour la vente. Tout était frais et très joli et a été bien vendu.

Je m'arrête de force; la plume me tombe des mains. Je vous récrirai un de ces jours.

Adieu, mes bien chers amis. Je vous embrasse tous de tout cœur,   ROSE.

Nombreuses, en effet, furent en cette occasion les sympathies témoignées à la Mère. Toutes se traduisaient par des prières; car on savait le prix qu'elle y attachait. Son admirable foi rayonna dans cette circonstance. Elle ne faisait plus de cas que de l'au-delà. Elle ne voulut pas accepter pour elle-même la douloureuse consolation, qu'elle ne refusait jamais en pareil cas à ses Sœurs sécularisées, de porter leurs grands deuils de famille.

Pour quiconque est imbu de l'esprit du siècle, Mère Marie de la Croix apparaîtra sans doute en cette circonstance comme dépourvue de sensibilité. On en prendra peut-être occasion pour faire le procès de la vie religieuse et prétendre qu'elle étouffe les plus légitimes affections de la

nature. Il y a tant de gens pour qui la tendresse n'est vraie qu'à condition de se montrer
déraisonnable et exaltée, pour qui la douleur
n'est pas réelle sans manifestations bruyantes,
et qui croiraient manquer à leur devoir en ne
la faisant pas peser sur autrui. Quant à ceux
pour qui l'amour réside dans la volonté et non
dans les sens, ils estiment à bon droit que la
tendresse ne s'amoindrit pas parce qu'on la
domine; mais qu'elle devient alors, au contraire,
plus profonde et plus sincère, parce que plus
utile à l'objet aimé dont elle recherche uniquement le seul bien véritable, au lieu de satisfaire
sa propre sensibilité.

Nulle autre part en sa vie, Mère Marie de la
Croix ne nous paraît plus héroïque et plus touchante, qu'en cette heure où, auréolée de la
grande et silencieuse douleur, qu'elle refoulait
au dedans par une suprême énergie de volonté,
nous la voyons marcher à son devoir toujours
semblable à elle-même. Certes, elle pouvait dire
avec saint Augustin pleurant sainte Monique :
« Je gourmandais la mollesse de mes sentiments,
et je fermais le passage au cours de mon affliction.
... Seul, je savais tout ce que je refoulais dans
mon cœur. » (1) Mais le mérite de la violence
imposée volontairement était offert pour l'âme

____

(1) Saint Augustin. *Confess.*, l. IX, c. XII.

de celle qu'elle n'avait pu quitter que pour Dieu, offert aussi pour cette œuvre au nom de laquelle le Dieu tant aimé réclamait en cet instant un si onéreux labeur.

Cette année 1917 ne devait pas s'achever sans amener pour la Mère un autre deuil bien douloureux aussi à son cœur assomptioniste : la mort du Supérieur général, le T. R. P. Emmanuel Bailly, décédé presque subitement le 23 novembre, cinq ans après son illustre frère (1), le fondateur de la *Croix*. Quelques jours après, Mère Marie de la Croix partageait encore la suprême angoisse de la famille des Oblates, dont la Supérieure générale, la T. R. Mère Marie du Christ, que Dieu semblait vouloir rappeler à lui, venait d'être administrée. Le ciel voulut bien entendre les filiales supplications qui lui furent adressées pour la chère malade. Le Maître, dans ses impénétrables desseins, lui réservait ce que nul ne pressentait alors, la douleur de voir se fermer deux ans plus tard, la tombe de la Supérieure du Cours la Reine.

Nous avons déjà parlé des complications, travaux et soucis supplémentaires, ajoutés par la guerre à la vie déjà si remplie de Mère Marie de la Croix; mais combien nous sommes loin d'avoir tout épuisé! Qui dira comment elle par-

____

(1) Décédé le 2 décembre 1912.

tagea les angoisses de ses filles qui toutes étaient plus ou moins inquiètes sur le sort de leurs parents, retenus en pays envahi ou exposés au front? Que de larmes à essuyer! Que de plaies à panser! Tantôt c'étaient des deuils glorieux, mais cruels, qu'il fallait consoler, tantôt la misère de pauvres réfugiés dépouillés de leurs biens qu'il fallait soulager. Toutes les souffrances, non seulement de ses religieuses, mais encore des personnes du dehors avec lesquelles elle était en contact, trouvèrent près d'elle une compassion efficace. On n'en finirait pas d'énumérer les services qu'elle rendit pendant cette période de guerre : colis de vivres et de vêtements aux soldats du front, aux prisonniers, hospitalité aux parents des Sœurs, permissionnaires ou évacués; objets de culte procurés aux prêtres mobilisés, démarches faites grâce à ses relations personnelles à l'ambassade d'Espagne, pour obtenir des nouvelles à ceux dont les familles étaient retenues dans les régions occupées. Pendant ces cinq années, la liste des obligés de la Mère s'allongea sans cesse et jamais son ingénieuse charité ne se lassa. Les religieux avaient à sa sollicitude des droits spéciaux qu'elle reconnaissait avec un joyeux et délicat empressement. A chaque fête, une gâterie, sous la forme la plus appréciée de gens à qui tout manque, portait un rayon de joie dans les tranchées et donnait l'occasion de faire du bien. L'utile se mêlait à l'agréable, le matériel au spirituel. Les Rameaux, les œufs bénits de Pâques, les dons du Saint-Esprit, les legs de Notre-Seigneur et de la Très Sainte Vierge ; les petits pains de saint Nicolas, les béatitudes, quelques publications nouvelles avoisinaient, dans le colis de fête, les victuailles, le linge, les lainages, et donnaient à nos chers mobilisés comme un discret parfum de la vie monastique dont la privation leur était si amère.

Au printemps de 1918, quand les bombardements de Paris, commencés par les taubes et les gothas, continuèrent par les canons à longue portée, les inquiétudes de la Mère furent d'autant plus grandes, que ses filles, dispersées dans diverses maisons pour la nuit, n'avaient que des abris de fortune et se trouvaient loin d'elle. Pour son cœur maternel c'était un tourment qui se prolongeait jusqu'à ce qu'elle les vît revenir saines et sauves le lendemain matin. Mais pour tenir haut les courages, elle n'en parlait guère que sur un ton badin, comme on le verra à la fin de cette lettre adressée à M. et M\u1d50\u1d49 Jouel pour l'anniversaire de la mort de leur mère.

Paris, le 16 mai 1918.

M\u1d07s bien chers frère, sœur, nièce,

Je vous souhaite à tous bonne et sainte fête de la Pentecôte. Que le Saint-Esprit déverse sur vous grâces et dons les plus abondants.

Je serai tout particulièrement avec vous aussi le
23, en ce premier anniversaire du départ de notre
chère maman pour le ciel. Déjà un an qu'elle nous
a quittés! Nous allons revivre ces heures si douloureuses, mais aussi bien consolantes, où, à côté du
brisement de la séparation, nous a été donnée cette
grande confiance qu'elle allait au bon Dieu se reposer
dans le bonheur et la gloire. Vraiment, parmi toutes
les épreuves qui nous assaillent, nous devons bien
des actions de grâces pour la certitude qui nous est
donnée que tous les nôtres ont été de ces bons et
fidèles serviteurs auxquels est assurée la meilleure,
l'unique récompense enviable. Ils sont puissants
maintenant et nous obtiendront de les suivre dans
la voie du devoir, du dévouement et du sacrifice
dans laquelle eux-mêmes ont fait des ascensions
continuelles.

Les Allemands sont revenus la nuit dernière. Nous
avons eu deux alertes, l'une à 10 heures du soir,
l'autre à 2 heures du matin. Ils n'ont pu pénétrer et
ont lancé des bombes sur la banlieue. Il fait beau ce
soir; vont-ils revenir? Nous aimerions mieux dormir.
Mais on n'a pas le choix.

. . . .

Donnez-moi des nouvelles des santés. Je vous
embrasse tous de tout cœur,

Votre sœur et tante,

Rose.

Le souvenir de sa mère n'était guère absent
de sa pensée. Avait-elle, en sentant diminuer
ses forces à mesure que croissaient ses tracas et

ses labeurs, le secret pressentiment d'aller bientôt rejoindre la chère défunte? Quelques passages de la lettre suivante écrite à sa belle-sœur à cette même époque le laissent supposer.

Paris, 21 mai 1918.

Ma bien chère sœur,

Votre bonne lettre m'est parvenue tout à l'heure et je veux vous redire sans retard combien nous serons tous unis dans la prière pour notre chère maman, et combien aussi je lui recommanderai tous nos intérêts.

Oui, je comprends, ma chère sœur, le vide que vous laisse sa disparition. Ayant vécu si longtemps ensemble dans une union parfaite, je devine bien combien elle vous manque. Moi-même, dont la vie s'effrite, tiraillée par tous, j'éprouve ce sentiment, et bien souvent je me surprends à mettre de côté pour elle une image, un rien pour lui faire plaisir. Cette privation de sa vue n'est pas une séparation réelle. Ne sentons-nous pas que nous vivons avec elle, qu'elle nous voit et nous entend?

Vendredi, à 6 heures, le P. Am... veut dire la Messe pour notre chère maman; tout le monde communiera pour elle.

Un prêtre, à qui je viens de faire obtenir un autel portatif, m'écrit qu'il ne peut mieux me prouver sa reconnaissance qu'en offrant le Saint Sacrifice jeudi 23 à mes intentions. Je lui réponds aussitôt que ma première intention est celle de ma chère maman.

C'est providentiel qu'il ait choisi cette date. Il ignorait quel triste anniversaire elle nous ramène.

. . . .

Adieu, ma chère sœur, en toute hâte. Je vous embrasse de tout cœur, vous, Louis et Mimi, et suis avec vous plus que jamais,

ROSE.

Oui, sa vie s'effritait, tout le monde autour d'elle s'en rendait compte, bien qu'elle continuât de sauver les apparences et de faire face à tout comme au temps où sa santé était florissante. Elle qui n'avait jamais eu besoin de compter avec son corps, nous disait alors à nous-même : « Autrefois, quand le jour ne suffisait pas, je passais la nuit; mais, à présent, je ne le puis plus. » Et cependant, la chère Mère n'était pas au bout de ses peines. En juin 1918, à l'époque où Paris s'affolait de nouveau sous l'insécurité croissante produite par les coups répétés des berthas et la seconde menace d'invasion, il fut encore question de transférer en province le journal et son personnel. La Mère fit alors un voyage en Anjou et en Bretagne dans le but d'assurer un abri et de l'organiser, pour recevoir, le cas échéant, les personnes de la Bonne Presse qui devraient s'y réfugier. En juillet, quelques Sœurs s'y rendirent. Par un extraordinaire ressaut d'énergie, elle fut encore capable d'assumer la responsabilité de cette ins-

tallation au milieu de cruelles angoisses renouvelées chaque jour, après des nuits d'insomnie.
C'était toujours cette même sérénité courageuse
et cette incomparable maîtrise qui dissimulait à
son entourage la souffrance à la fois morale et
physique qu'elle avait à surmonter.

Dans des circonstances si critiques et dans
le triste état de santé où elle était déjà, elle ne
pouvait oublier son œuvre chérie de Notre-
Dame des Vocations. La vente annuelle n'ayant
pu avoir lieu régulièrement à cause du bombardement, Mme Jouet ne voulut pas que le noviciat fût privé d'une aide pécuniaire plus nécessaire que jamais. Elle eut l'idée de faire une
exposition des objets préparés pour la vente
dans les salons du Cours la Reine et invita tous
les amis de l'œuvre, résidant encore à Paris,
à lui apporter leur offrande.

Cette heureuse initiative, que personne n'eût
osé risquer peut-être en un pareil moment, eut
un plein succès, et les novices reçurent, grâce
à elle, leur indispensable secours annuel. Ce
résultat la payait largement de sa peine; peu
lui importait qu'elle abrégeât sa vie; quand il
y avait à rendre service, il ne fallait jamais lui
parler d'épargner ses forces. Et pourtant, elle
qui se ménageait si peu, savait bien, en cas
de nécessité, exhorter les siens à de sages précautions :

Paris, le 21 août 1918.

MES BIEN CHERS FRÈRE ET SŒUR,

J'espère que vous êtes installés à Ax et que vous y respirez plus à l'aise qu'à Narbonne. Je souhaite que vous y laissiez vos misères. Vous avez été bien fatigués tous les deux : voilà déjà assez longtemps que vous n'êtes pas brillants. Vous avez eu bien des secousses morales qui vous ont ébranlés. Vous n'avez pas l'habitude de vous écouter ni de vous plaindre, mais à la longue la force de résistance s'épuise.

Vous, ma chère sœur, je ne vous ai pas vue depuis longtemps, mais bien des fois, on me dit que vous êtes fatiguée.

Quant à mon cher frère, dans ses visites, il me paraissait souvent las, déprimé, mais ne me permettait pas de pousser loin l'interrogatoire sur la question santé. J'espère que maintenant vous serez raisonnables; je compte même que vous vous êtes remis aux mains de la Faculté, que vous suivez un traitement et que vous vous reposez consciencieusement.

Les pèlerins sont partis pour Lourdes hier soir, et y arrivent en ce moment.

Mimi n'a pas encore eu le temps de me donner des détails de son pèlerinage. Elle m'a envoyé deux cartes de Lourdes, dont je la remercie beaucoup; mais j'espère mieux. N'irez-vous pas, vous aussi, faire votre pèlerinage avant de rentrer à Narbonne? Ce serait une bien bonne chose d'aller confier à la Sainte Vierge tout et tous ceux qui nous intéressent. . . . . .

ROSE.

Son inquiétude, en effet, fut très grande au sujet de son bien-aimé frère dont la santé courut un grave danger, ainsi qu'en témoigne cette lettre où transparaît une si intense affection fraternelle :

Paris, le 28 août 1918.

MA BIEN CHÈRE SŒUR,

Merci pour votre carte qui vient enfin me rassurer sur l'issue de l'opération. Vous devinez avec quelle impatience j'attendais ces nouvelles. Heureusement encore vous n'êtes pas seuls là-bas, et ce m'est un repos de vous savoir entourés de la famille et des bons amis X...

Vous ne pouvez vous figurer combien je vis avec vous dans ce cadre si connu et qui me rappelle tant de vieux souvenirs de notre vie d'intimité avec Louis : nos promenades aux environs, nos courses lointaines dans la montagne pendant lesquelles maman et cousine X..., restées à la maison ne s'inquiétaient pas trop, se reposant sur notre bon sens et notre prudence qui étaient bien quelquefois en défaut. Tout cela est bien loin, mais le souvenir en est bon et reposant, comme celui de tous les vieux amis que nous avions là-bas et qui ont disparu. Qui eût pensé alors que vous vivriez dans ce même milieu les heures d'angoisse que vous venez de traverser et que j'ai partagées à distance, me morfondant par suite de la lenteur des communications. J'ai la confiance qu'avec les bons soins et la prière qui se multiplie autour de nous, mon cher Louis va triompher de cette mauvaise crise, et qu'il en sortira convaincu qu'on n'abuse pas en vain de ses forces. Il saura à l'avenir les ménager un peu plus.

Pourrais-je vous procurer quelque chose qui serait utile et ferait plaisir à notre malade? Ne craignez pas de me le dire, vous savez que je ferai l'impossible pour vous le procurer.

Merci de me tenir au courant; continuez, ne fût-ce que par trois lignes, et croyez, ma bien chère sœur, que je suis bien avec vous de tout cœur avec le seul regret de n'être pas en réalité auprès de vous pour partager soins et sollicitudes. Le sacrifice de ne pouvoir vous aider à soigner mon cher petit frère vous aidera plus que ma présence et mon faible concours.

. . . .

Je vous embrasse avec Louis et Mimi de tout cœur.

Rose.

Il semble qu'approchant du moment où elle allait quitter ce monde, elle trouvait un charme ineffable à rappeler ces aimables souvenirs de ses premières années passées dans l'intimité de son « cher Louis ».

Les mesures de prévoyance dont nous parlions plus haut furent, par bonheur, inutiles.

La seconde victoire de la Marne nous préserva d'un nouvel exode; mais quand l'armistice vint mettre fin aux angoisses de la Mère, il était trop tard; son vigoureux organisme était mortellement atteint.

CHAPITRE XIII

Dernière année — Maladie — Mort

Mère Marie de la Croix tint bon néanmoins
quelques semaines encore, et ne changea rien
à sa vie ordinaire jusqu'au 6 janvier 1919,
époque où elle fut confinée au premier étage par
ordre du médecin. De là, elle continua à diriger
la maison, se tenant au courant de tout, assis-
tant aux réunions du Conseil des ateliers. Elle
continuait à être à la disposition de toutes; car
sa porte ne fut jamais close. Le 6 février, on
fermait cette ambulance qui lui avait coûté tant
de soucis; mais ce soulagement était désormais
insuffisant pour lui rendre ses forces épuisées.
Cependant, de la chambre où elle était retenue,
elle prépara encore la Vente de charité, et, par
un suprême effort de volonté, elle y assista pendant les deux journées du 27 et du 28 mai.
Dieu voulut bénir cet ultime labeur, et la Vente
réussit en cette année 1919 au delà de ses espérances.

Trois semaines après, le divin Maître lui
envoyait une cruelle douleur : Notre bonne

Sœur Joseph (1), qui se dévouait depuis trente-cinq ans à la Bonne Presse, fut rapidement enlevée à notre affection après huit jours de maladie.

Mme Jouet ressentit très vivement la perte de cette vaillante ouvrière de la première heure. L'humble fille, en effet, qui l'avait précédée jadis aux ateliers, la précédait encore au ciel, mais de quatre mois seulement. C'était le dernier cercueil que devait fermer Mère Marie de la Croix.

------

(1) Sœur Joseph, née à Saint-Etienne en 1864, était entrée chez les Oblates en mars 1883. Arrivée seule dans Paris qu'elle ne connaissait pas et très embarrassée pour trouver le noviciat de Sèvres, elle vit venir à elle en sortant de la gare un monsieur d'aspect respectable qu'elle n'avait jamais rencontré nulle part et qui lui offrit de la conduire à destination, ce qu'elle accepta et ce qu'il fit très discrètement. Parvenu à la porte de la Croix-Bosset, il disparut sans qu'elle sût qui il était ni ce qu'il devint. Elle eut toujours la conviction que c'était saint Joseph à qui elle avait grande dévotion et dont elle prit le nom. Elle fit ses premiers vœux le 15 août 1886 et ses vœux perpétuels le 14 septembre 1896. Dès sa deuxième année de noviciat, elle fut occupée aux ateliers de la Bonne Presse où elle donna pendant trente-cinq ans l'exemple d'un dévouement à toute épreuve et d'une parfaite régularité religieuse. Humble, obscure et cachée, elle ne faisait jamais parler d'elle. On aura fait son éloge en disant qu'elle fit plus de bien que de bruit. Elle a toujours été où elle devait être et ce qu'elle devait être, et cela avec tant de tact, de discrétion et d'abnégation, qu'elle passait toujours inaperçue. Elle rendait toujours le service, non pas exclusivement le plus bas et le plus pénible, mais ce qui est bien plus difficile, le plus modeste, le plus caché et le plus à propos. Elle traversa toutes les épreuves de la Bonne Presse, en subit toutes les vicissitudes, en laissant partout et toujours le même souvenir d'édification que quelqu'un caractérisait en

Le mal continuait ses ravages; nous les observions avec angoisse, ne pouvant nous faire à la réalité du malheur qui nous menaçait. Cependant la sollicitude de la Mère pour toute chose ne se démentit pas un instant. Jusqu'à la fin il fallut lui rendre compte du trousseau des Sœurs qui partaient pour d'autres maisons. Malgré son extrême fatigue, elle avait l'esprit très présent. Ses conseils étaient aussi fermes et ses appréciations aussi lumineuses que jadis. Elle ne relâchait rien non plus de sa vie de prière et à plus

---

disant : « C'était une parfaite religieuse telle qu'on voudrait toujours en trouver, et d'un dévouement si absolu que vous ne la remplacerez jamais. Elle a produit une somme de travail bien supérieure à ses moyens et rendu des services qui dépassaient de beaucoup ses capacités. » Cette pauvre et simple fille qui savait tout juste lire et à peine écrire avait un parfait sens pratique, une correction de tenue, de langage et de manières qu'on trouve rarement même chez des personnes cultivées. Elle exerça une influence surnaturelle dont elle ne s'est jamais doutée. A la communauté, à l'atelier, aux appartements, en course, en visite, avec les enfants, les ouvriers, les gens du monde, les malades, au milieu des difficultés, en face de n'importe quelle éventualité, on la trouvait toujours bonne, douce, aimable, serviable et si calme et si simple qu'on faisait volontiers ce qu'elle demandait. Pas un soldat de l'ambulance n'aurait osé laisser échapper un mot malsonnant quand elle commençait la prière; et plus d'un mourant lui doit la grâce d'avoir reçu le prêtre à temps. Ce qui lui a permis de s'élever ainsi au-dessus d'elle-même c'est l'estime de sa vocation, le sentiment du devoir à un degré peu commun et l'amour de sa Congrégation. Quel que fût son amour de l'obscurité, sa modestie dut pourtant subir, comme nous l'avons déjà dit, la médaille de sauvetage lors de l'incendie du Bazar de la Charité... Elle mourut en chantant, dans la joyeuse allégresse de l'union au divin Epoux qu'elle avait si fidèlement servi.

forte raison de son assistance quotidienne à la Messe.

Le T. R. P. Joseph, Vicaire général des Augustins de l'Assomption, ayant décidé de donner en la maison de Sèvres une retraite pour toutes les Supérieures des Oblates, du 3o juillet au 8 août, Mère Marie de la Croix, malgré le pitoyable état de sa santé, qui demandait d'infinis ménagements et un régime alimentaire spécial, tint absolument à s'y rendre, bien que Mère Marie du Christ lui eût proposé de l'en dispenser. Elle suivit pendant ces huit jours les exercices complets de cette retraite qui devait être la dernière de sa vie, donnant à toutes l'exemple de la plus parfaite régularité. Il en résulta une fatigue excessive qui aggrava notablement son état; mais en regard de ce qu'elle considérait comme un devoir, la souffrance corporelle n'entrait jamais en ligne de compte. A partir de ce moment, ses forces déclinèrent chaque jour sensiblement; et, dans le courant de septembre, son entourage conçut les plus vives alarmes. En l'absence du Dr Davenière, le Dr Thiercelin, qui fut appelé le 20, trouva nos craintes amplement justifiées et prescrivit à la malade de garder le lit. Pourtant le dimanche 21, elle voulut encore assister à la Messe, malgré toutes nos objurgations qui réussirent seulement à lui faire accepter un fauteuil à la chapelle. Ce fut pour

la première et dernière fois ; car, au cours
de la journée, qui fut très mauvaise, elle dut
prendre le lit pour ne plus le quitter. Le lendemain, le mal ayant empiré, le docteur rappelé
déclara ˜au P. An... que la santé de la Mère
était irrémédiablement perdue.

Le P. Am..., alors absent, fut prévenu et
revint en hâte. A partir de ce moment, tout
mouvement lui devint de plus en plus pénible
à cause de l'oppression qui l'angoissait aussitôt
qu'elle essayait de · se remuer. Elle dut donc
renoncer à se rendre le moindre service, et
donna alors la plus parfaite édification par la
simplicité touchante avec laquelle elle se prêta
à tout ce que voulurent les docteurs et même
les infirmières. Comme l'oppression augmentait
et que l'œdème montait toujours, on essaya,
le 25, un prélèvement de la plèvre qui fut suivi
d'une légère amélioration. Ce soulagement arti-
ficiel et éphémère renouvelé le surlendemain
donna comme résultat plus d'un litre et demi
de liquide.

Le 27, le Dʳ Davenière étant rentré à Paris, il
y eut consultation, et les deux docteurs s'accor-
dèrent à dire que l'état de la malade était extrê-
mement grave, et que si, par extraordinaire, elle
sortait de cette crise, ce ne serait plus qu'avec
une santé très précaire. Ils affirmèrent que,
seule, une énergie exceptionnelle pouvait lui

permettre de rester encore elle-même, malgré le degré d'épuisement où elle était réduite. Elle s'intéressait encore à tout, et jusqu'au dernier jour, on put la tenir au courant de la maison. Elle se préoccupa encore du départ des Sœurs pour Londres. Le 3o, une troisième ponction n'ayant donné qu'un résultat médiocre, elle commença à soupçonner la gravité de son état. Le lendemain, elle demanda au docteur l'exacte vérité qu'il ne chercha pas à lui cacher. Elle réclama alors elle-même l'Extrême-Onction qu'elle reçut le 1er octobre à 8 h. 1/2 du soir, après le service de l'expédition, afin que toutes les Sœurs de la maison pussent y assister. Elle indiqua comment il fallait arranger sa chambre et fit installer toutes les choses nécessaires. Puis, quand toutes les Sœurs furent entrées, devant les PP. An... et Am..., elle prit la parole et, avec le plus grand calme et d'une voix à peine entrecoupée par l'oppression, elle demanda pardon de la peine qu'elle avait faite et de la malédification qu'elle avait donnée. Elle assura que si, parfois, elle avait usé d'une certaine raideur ou brusquerie, elle n'avait pourtant jamais eu en vue que le bien de ses filles et celui des œuvres, pour la gloire de Notre-Seigneur. Elle remercia de toutes les faveurs qu'elle avait reçues dans la Congrégation et de l'affection qu'on lui avait témoignée. Elle déclara que, si Dieu permettait qu'elle se guérît, elle travaillerait encore avec bonheur pour l'Assomption; mais que, si le moment qu'il avait choisi pour l'appeler à Lui était venu, elle était également heureuse de faire sa volonté. Dans ce dernier cas, elle demanda instamment à toutes les Sœurs de conserver l'union entre elles, la fidélité constante à leur vocation d'auxiliaires des Pères à qui nous devons tout et pour qui nous devons être prêtes à tout.

Le P. An... répondit en la remerciant au nom de l'Assomption et de la Maison de la Bonne Presse, de tout ce qu'elle avait fait pour l'une et pour l'autre; il lui rendit ce consolant témoignage, auquel toutes les présentes faisaient écho en leur cœur, du profond sérieux avec lequel elle avait toujours compris et rempli ses devoirs de religieuse et de supérieure. Il lui demanda pardon au nom de ses filles, et lui promit, pour toutes celles qui faisaient ou qui feraient à l'avenir partie de la maison de la *Croix*, la fidélité, le dévouement à cette Assomption qu'elle avait tant aimée, lui affirmant que ses dernières recommandations ne seraient jamais oubliées. Elle renouvela ensuite ses vœux, et le P. Am... lui fit les saintes onctions. Le P. An... lui demanda ensuite de bénir les Sœurs. Elle protesta à cause de la présence des Pères. Il insista, lui disant de bénir « ses filles »; ce qu'elle fit pendant que les sanglots redoublaient, car elle seule avait gardé son calme. Ensuite les Pères la bénirent tous les deux simultanément, prononçant à haute voix les paroles impétratoires. Ce rite pieux empruntait alors aux circonstances de temps, de lieu et de personnes un caractère de solennité substantielle, d'onction suave et consolante, dont chacune était pénétrée, sans pouvoir le définir.

En descendant, les Pères affirmèrent avoir rarement vu une cérémonie de ce genre aussi parfaitement accomplie, et plus rarement encore une présence d'esprit aussi simple, aussi touchante et dénotant un aussi complet oubli de soi-même.

M. Jouet, averti que sa sœur avait reçu les dernier sacrements, accourut de Narbonne, avec sa femme et sa fille, pour les suprêmes adieux. Mère Marie de la Croix, quoiqu'elle n'en dît rien à son entourage, fut grandement consolée de la visite de ce frère qu'elle avait chéri d'une affection quasi maternelle. Dès qu'il fut arrivé, comme elle l'embrassait avec effusion, son visage reflétait une expression de tendresse extraordinaire. Les Sœurs qui en furent témoins en étaient tout à la fois fort étonnées et émues, tant on était peu accoutumé à lui voir manifester au dehors ses sentiments intimes. M. Jouet fut obligé de repartir avec les siens, dans la certi-

tude douloureuse qu'il ne reverrait plus vivante
cette sœur tant aimée et vénérée. Pourtant
une amélioration, qui s'était produite le 10,
fit renaître l'illusion de la conserver encore
quelques semaines; mais le 14, il fallut se
rendre à l'évidence. Un miracle seul pouvait
prolonger ses jours. Le 16, un mieux extraordinaire donna quelques vaines lueurs d'espoir;
mais bientôt parurent les symptômes d'agonie.

Cependant, elle voulut encore savoir ce qui
s'était passé à Montmartre pour la fête de la bien-
heureuse Marguerite-Marie, elle s'y était unie
pendant toute la journée. Le T. R. P. Joseph (1)
eut la bonté de venir la bénir une dernière fois
en descendant du Sacré-Cœur. et la chère Mère
s'en montra très touchée.

A peine était-il parti, que le P. Am... étant
venu à son tour pour la voir, elle lui manifesta son regret et sa grande préoccupation
d'avoir laissé partir le Général sans lui demander s'il avait besoin de quelque chose pour
l'alumnat de Scy, alors en fondation. Un tel
souci dix heures avant sa mort ne suffirait-il
pas à faire connaître Mère Marie de la Croix?
Elle put encore s'entretenir avec le P. An...;
mais, pour la première fois, elle ne réclama pas
son courrier.

____

(1) Vicaire général des Augustins de l'Assomption.

En la voyant si mal, on laissa quelques Sœurs venir chercher une bénédiction. Elle s'y prêta d'abord, puis tomba dans une sorte d'assoupissement.

A minuit, elle renvoya une de ses gardes, disant qu'on se fatiguait inutilement, continuant encore jusqu'en son agonie à se montrer attentive aux autres et oublieuse d'elle-même. Mais l'infirmière se rendant compte que le pouls baissait, revint bientôt et alla chercher le P. Am... Quand il arriva, vers 3 heures, elle ne parut pas le reconnaître. Les Sœurs présentes dans la maison furent appelées, le Père renouvela l'indulgence de la bonne mort et on commença la récitation des prières des agonisants sans qu'elle parût s'en apercevoir. Tandis qu'on récitait le rosaire, elle sembla appeler son assistante, Sœur Agathe, qui essaya de lui parler. La pauvre chère Mère répondit avec une sorte d'animation; mais sans qu'on pût la comprendre. Elle s'efforçait de répéter ce qu'on lui suggérait et baisait le crucifix à plusieurs reprises. Quand le Père lui parla de ses filles, de sa famille, de la Congrégation, ses yeux s'emplirent de larmes. Jusqu'à 6 heures les prières continuèrent. Le P. Am... ne cessa point, pour ainsi dire, de l'aider à prier, à unir son agonie à celle de Notre-Seigneur et à se tenir sur cette croix qu'elle avait si généreusement embrassée. A un moment elle dit :

— J'ai soif.

On essaya de lui donner quelques gouttes d'eau de Lourdes qu'elle refusa d'abord et accepta ensuite sur un mot du Père. Puis elle dit :

— C'est la fin.

Et cela à plusieurs reprises. Sœur Agathe lui demanda plusieurs fois :

— Ma Mère, entendez-vous bien, savez-vous que nous sommes toutes là?

Chaque fois, elle répondit « oui » par un signe de tête très marqué, plusieurs fois même par un « oui » très accentué.

— Vous nous bénissez toutes?

— Oui.

— Vous bénissez les absentes?

— Oui.

— Celles qui viennent de partir et surtout Sœur Lætitia?

— Oui.

— Vous ne nous oublierez pas au ciel?

— Non.

— Vous serez toujours avec nous?

— Oui.

Jusqu'au dernier moment, elle répondit ainsi, et quand elle entendait appeler : « ma Mère! » un mouvement de paupière, puis une lueur de la prunelle, montraient qu'elle comprenait. On peut ainsi avoir la certitude qu'elle garda sa connaissance jusqu'à la dernière extrémité.

A 6 heures le pouls semblant reprendre, on crut que l'agonie allait se prolonger; mais à peine le Père venait-il de s'éloigner pour aller dire sa Messe, qu'on le rappela. La chère malade rendit bientôt le dernier soupir sans mouvement et si doucement qu'on eut peine à s'en apercevoir.

C'en était fait : la vaillante ouvrière avait achevé sa journée, une journée pleine s'il en fut, dont toutes les heures avaient compté double. Ah! sans doute, nul repos n'était mieux gagné! Mais combien prématuré semblait-il à l'affection et à la reconnaissance de ses filles et de tous ceux qui avaient tant de raisons de la pleurer.

Il faut renoncer à dire la sympathie qui entoura la famille de la Bonne Presse à cette heure douloureuse, le défilé incessant des personnes de toutes classes qui vinrent s'agenouiller près de son lit funèbre et l'affluence qui suivit son cercueil.

Toutes les maisons de la Congrégation en France y étaient représentées ainsi que tout le personnel masculin et féminin de la Bonne Presse; les dames de l'œuvre des Vocations et de Notre-Dame de Salut et tout le personnel de l'ambulance : docteurs, administrateurs et infirmières. L'église de Saint-Pierre de Chaillot était trop petite pour contenir la foule de plus

Mère Marie de la Croix sur son lit de mort.

de deux mille personnes qui se pressaient à ses funérailles. Les jeunes filles de l'atelier manifestèrent spontanément leurs sympathiques regrets et la part qu'elles prenaient à ce deuil. Elles se cotisèrent aussitôt pour un trentain de Messes, afin d'assurer le repos de l'âme de la chère Mère. — La *Croix* ne crut pouvoir faire moins que de lui consacrer les quelques lignes qui suivent :

Ce matin, au milieu de ces belles fêtes, la Providence nous réservait une grande douleur. A 6 h. 1/2, Mme Jouet, la vénérée directrice de tous les ateliers féminins de la Maison de la Bonne Presse depuis trente ans, rendait sa belle âme à Dieu à l'âge de 65 ans.

Femme d'une haute intelligence, d'une volonté énergique, d'une grande foi, d'une vive piété et d'un dévouement au devoir à un degré rarement atteint, elle s'est donnée jusqu'à la fin tout entière à la grande œuvre.

La vigueur de sa santé semblait lui permettre une vie plus longue. Mais les difficultés de la guerre et de l'après-guerre, et surtout le surcroît d'un travail qu'ajouta à un labeur intense le souci de l'ambulance de Notre-Dame de Salut, l'épuisèrent au cours de ces dernières années.

Elle a fait une très sainte mort. Nous lui demeurerons à jamais reconnaissants des services rendus par elle, et nous la recommandons très spécialement aux prières de nos lecteurs.

Nous prions M. Jouet, son frère, et toute sa famille, d'agréer l'expression de notre très vive sympathie.

Dans les lettres de condoléances qui affluèrent au Cours la Reine, ce fut un concert unanime de regrets et d'éloges pour la religieuse parfaite qui avait été en même temps une femme d'une si haute intelligence et d'un si grand cœur. On nous permettra d'en citer quelques-unes.

Un de nos religieux qui avait été plus à même que tout autre d'expérimenter la charité et les vertus de la chère défunte écrivait au lendemain de sa précieuse mort :

La mort de Mère Marie de la Croix est une perte cruelle pour toute la famille assomptioniste. Ce n'est pas seulement chez nos chères Oblates que sa disparition laisse un grand vide, surtout en ce moment où son activité, son savoir-faire, son dévouement semblaient indispensables; mais nous pouvons dire que chez nous également son action aussi discrète que féconde sera difficilement remplacée. Nos étudiants, nos novices, nos alumnistes ne soupçonneront jamais tout ce qu'ils lui doivent. Si, pendant la dernière guerre, nos mobilisés, nos prisonniers ont été entourés de tant de soins maternels, s'ils ont été ravitaillés en lainages contre les frimas, en provisions de toutes sortes, et même en douceurs et en friandises dont un cœur de mère ou de sœur pouvait seul avoir l'idée, qu'ils sachent que c'était, en effet, Mère Marie de la Croix qui pensait pour eux au nécessaire, et même au superflu. Elle ne savait rien refuser, et surtout (chose plus rare) elle se dépensait elle-même sans compter. Pour n'importe quel service, elle était à la disposition de quiconque recourait à elle; toujours calme, toujours serviable, elle avait l'air de ne pas avoir autre chose à faire que de s'occuper de vous. Sa vertu, quoique très austère, n'était pas rébarbative, elle avait le don de ne montrer que le côté aimable de la sainteté. Elle s'oubliait elle-même : voilà son grand secret; aussi elle exerçait une influence considérable sur tous ceux qui l'approchaient.

La vente de Notre-Dame des Vocations lui doit en grande partie son succès, et que de démarches, de lettres, de tracas de tout genre, cela représente! Elle avait également organisé l'ouvroir de Notre-Dame des Vocations qu'elle présidait depuis de longues années avec une sollicitude aimable et de tous les instants. C'est ainsi qu'elle a usé sa vie le plus simplement du monde aux œuvres de Dieu. Jamais le moindre repos, jamais les plus courtes vacances. Elle s'est consumée avant le temps comme une lampe qui n'a pas su modérer sa flamme, et ce qu'on admirait le plus dans cette dépense d'elle-même, c'était sa manière toujours très surnaturelle et très désintéressée.

Nous n'avons pas à parler de ce qu'elle était dans sa communauté; mais il n'est pas difficile d'imaginer que si la ferveur, l'union, l'entrain, la fidélité au devoir, le dévouement, le bon esprit ont régné dans le groupe qu'elle gouvernait malgré les difficultés énormes de la vie religieuse et des œuvres à l'heure présente, c'est à elle qu'on le doit. Elle ne paraît pas devant Dieu les mains vides. Que cette pensée nous console dans notre peine. Des femmes comme celle-là, on n'en trouve pas tous les jours; c'est de loin en loin que Dieu ménage leur concours précieux. Souhaitons que le bon Dieu n'en soit pas avare pour les œuvres compliquées que l'Assomption est chargée de faire.

Pour nous, que notre reconnaissance et notre affection fraternelle se manifestent par d'abondantes prières en faveur de Mère Marie de la Croix qui, toute sa vie, n'eut pas d'autre préoccupation que de se dépenser pour nous.

Le P. Marie-André Pruvost écrivait de Metz au P. Am..., le 20 octobre 1919 :

La *Croix* m'annonce la mort de Mme Jouet. Quel deuil pour la famille de la Bonne Presse! Vous devinez que, malgré l'éloignement de cette chère maison, je lui demeure intimement uni et que je partage ses joies et ses peines. Cette peine doit être bien douloureuse et bien pesante pour vous surtout. Je prie de tout cœur pour cette âme si dévouée, si religieuse, si sainte, qui, du ciel, continuera son secours à l'œuvre. Mais, quel vide!

Le P. Jean-Marie La Fonta, au même :

Rome, 25 octobre 1919.

C'est avec une grande peine que j'ai appris par la *Croix* la mort de l'excellente et sainte Mme Jouet. Plus que tout autre, vous qui avez bien connu Mme Jouet, et qui avez été témoin de son dévouement servi par une belle intelligence, vous devez être affecté profondément de cette grande perte. Aussi je tiens en cette occasion à vous témoigner ma sympathie, à vous rendre celle que vous avez eu la bonté de me montrer quand nous avons appris la mort de Sœur Jeanne-Emmanuel.

Je n'oublierai jamais la bonté avec laquelle Mme Jouet voulait bien se déranger pour me conduire chez le médecin de l'ambulance ou pour me donner de quoi me vêtir. Son visage ascétique faisait vite juger combien son âme devait être belle, forte. J'ai confiance en la miséricorde de Notre-Seigneur pour cette sainte personne qui doit certainement jouir du bonheur céleste.

Le P. Clodoad Séricix, au même :

Bethnal-Green, 22 octobre 1919.

Je n'ose dire que la mort de Mme Jouet a été pour moi et pour nous tous ici une surprise ; mais elle nous afflige tous, et moi surtout, qui avais eu la bonne fortune de la connaître plus que d'autres. J'ai dit la Messe de communauté ce matin pour elle et j'ai demandé à tous les enfants d'offrir la Communion pour elle. Nous n'avons pas du reste dans ces prières oublié la Bonne Presse qui fait une si grande perte, et vous, qui en portez pour ainsi dire tout le poids, et devez éprouver de cette mort une douleur bien grande.

La R. Mère Laetitia qui, après avoir vécu trente ans près de Mère Marie de la Croix, avait eu la douleur de partir pour son poste de Londres le 28 septembre avec la conviction qu'elle ne la reverrait plus, écrivait de Charlton au P. Am... le 21 octobre 1919 :

MON BIEN CHER PÈRE,

Quelle perte douloureuse et comme je comprends la peine multiple que vous ressentez; car vous portez la nôtre à toutes, avec celle que vous éprouvez vous-même. C'était tellement le dévouement absolu à toute l'Assomption que professait à un degré héroïque notre très chère Mère que sa disparition fait un vide énorme pour les œuvres dont elle s'est occupée non seulement depuis trente ans au Cours la Reine, mais bien avant de venir chez nous.

Quels exemples elle laisse! mais qui pourra l'égaler dans ce don de soi si universel, si constant, si intelligent, si discret, si délicat? De tels cœurs sont rares, une tête aussi bien organisée ne l'est pas moins, une volonté aussi constamment énergique ne court pas les chemins. Comme on sent la nécessité de prier pour que le bon Dieu porte lui-même le remède à la plaie qu'il a faite!

Je compatis à la souffrance de tout le Cours la Reine, à la vôtre, mon Père, qui avez plus que nous connu cette grande âme, et je vous reste très respectueusement unie dans le Cœur de Notre-Seigneur.

La comtesse d'Ursel (1), en religion Mère Isabelle, Supérieure générale des Orantes de l'Assomption, écrivait au P. Am... :

_____

(1) Décédée depuis à Sceaux le 3 juillet 1921.

Sceaux, le 19 octobre 1919.

MON RÉVÉREND ET CHER PÈRE,

Nous sommes de cœur avec vous, et les Orantes demandent à Dieu de vous donner tout ce que vous perdez dans le départ pour le ciel de la précieuse Mère Marie de la Croix. Nous avons tous et toutes un regret de cœur d'avoir perdu celle à qui l'on pouvait toujours s'adresser et dont on trouvait toujours l'affection et le dévouement; mais combien davantage est cruelle pour vous la perte de cette aide qu'on peut dire irremplaçable, si Dieu n'était pas là pour tout vivifier du haut du ciel.

Nos cœurs seront présents à la cérémonie de demain, et en priant pour la chère Mère, je lui demanderai de me donner un peu des vertus de calme, d'abandon, de possession d'elle-même qu'elle avait à un si haut degré et qui me font si complètement défaut. Demandez-le-lui un peu pour moi et croyez à l'assurance de toute ma respectueuse et religieuse affection *in corde Jesu*.

La R. Mère Marie de Sainte-Foy, des Auxiliatrices du Purgatoire, qui avait eu, comme l'excellente Mère Saint-François Régis, à la rue Jean-Goujon, de fréquents et aimables rapports de bon voisinage avec Mère Marie de la Croix qu'elle avait su apprécier, nous est toujours restée très attachée et n'a jamais manqué de le témoigner, chaque fois qu'un événement important survenait dans notre famille religieuse.

Elle écrivait de Versailles au P. Am..., le 19 octobre 1919 :

MON RÉVÉREND PÈRE,

Nous apprenons aujourd'hui seulement la sainte mort de Mère Marie de la Croix, Si prévu que fût ce douloureux départ, il doit néanmoins laisser un bien grand vide, là où elle a fait tant de bien et semé tant de leçons et d'exemples de vraie sainteté, et nous en ressentons nous-mêmes un regret ému et bien sincère.

Mère François-Régis, qui, plus encore que moi, a pu s'édifier à son contact pendant plusieurs années, et qui en garde, comme moi, un ineffaçable souvenir, voudrait pouvoir exprimer à ses filles toute sa religieuse sympathie et sa spéciale union de prières. Ne sachant trop à qui s'adresser en ce moment, elle se permet de vous demander, mon Révérend Père, de vouloir bien être son interprète. Elle a prié sans retard et priera encore avec nous pour la chère défunte... bien qu'on puisse se demander ce qui pourrait encore manquer à sa riche et si enviable couronne ! Quelle protectrice elle sera pour l'œuvre qui lui doit tant !

M. Paul Feron-Vrau, au même :

Lille, 17 octobre 1919.

MON RÉVÉREND ET BIEN CHER PÈRE,

J'ai appris par M. Jean Théry la douloureuse épreuve qui vous frappe en votre cœur de religieux et qui frappe en même temps l'œuvre de la Bonne Presse par la mort de la vénérée Mère Marie de la

Croix. J'en ai été profondément impressionné. Je ne saurais oublier que, pendant mon long exil, auquel votre généreuse et cordiale hospitalité avait apporté un si grand adoucissement, il m'avait été donné à plusieurs reprises d'apprécier la bonté et le dévouement de la chère disparue. C'est du plus profond de mon cœur qu'en déplorant cette mort si prématurée, je m'acquitterai de la dette de reconnaissance que j'ai contractée envers la chère défunte, en lui assurant le concours de mes plus ferventes prières, pour que le bon Dieu daigne recevoir au plus tôt sa belle âme en paradis.

Je m'associe également aux sentiments de toute la communauté en cette douloureuse circonstance, et je vous serais reconnaissant d'être mon interprète auprès des religieux de l'Assomption.

M. Hocart, camérier de Pie X, au même :

Lentigny (Loire), 19 octobre 1919.

Mon Révérend Père,

J'apprends aujourd'hui seulement la douloureuse nouvelle de la mort de Mme Jouet. Quelle épreuve pour la Maison de la Bonne Presse! pour vous, pour toutes les œuvres dont elle était l'âme! Comme le dit la *Croix*, « les difficultés de la guerre et de l'après-guerre et surtout le surcroît d'un travail qu'ajouta, à un labeur intense, le souci de l'ambulance de Notre-Dame de Salut, l'épuisèrent au cours de ces dernières années ». Jamais elle ne s'est ménagée, jamais elle n'a reculé devant une fatigue. Elle est allée jusqu'au bout de ses forces. N'était-ce pas pour le bon Dieu qu'elle travaillait? Combien je me sens petit, lâche, misérable, quand je pense à elle! C'était une véritable sainte, d'une rare intelligence, d'une énergie incroyable qui ne connaissait pas d'obstacles. Elle doit avoir une belle place au ciel. De là-haut, elle continuera à diriger ses chers ateliers, comme elle le faisait de la petite sacristie, toute voisine du tabernacle, où je l'ai vue pour la dernière fois. Je n'ai jamais frappé en vain à sa porte. Elle voulait bien m'écouter, me conseiller. Je sortais toujours de chez elle fortifié. Elle était au courant de mes peines et trouvait toujours le mot qui console. Je la pleure sincèrement, je la pleure avec vous, mon Révérend Père, qui perdez en elle un appui si solide, une auxiliaire si dévouée. Je comprends, je partage votre chagrin, vos préoccupations pour l'avenir.

Quel regret pour moi de ne pouvoir assister aux obsèques de la chère défunte! Du moins, j'unis mes pauvres prières aux vôtres et mes larmes à toutes celles que cette mort fait répandre.

Mme Hocart pleure avec moi la sainte religieuse qu'elle avait connue d'abord à Lourdes, et me charge de vous dire quelle part elle prend à votre deuil.

Le comte de Guichen (1), qui avait connu la Mère à l'ambulance du Cours la Reine, disait au P. Am..., dans une lettre du 3 mars 1920 :

Nul ne pouvait approcher cette personnalité si remarquable sans être dans l'admiration de ses émi-

____

(1) Décédé en 1921.

nentes qualités, de son intelligence très étendue et
apte à toutes choses et aussi de ses profondes vertus.
Cette belle figure religieuse reste gravée dans mes
souvenirs et parmi les meilleurs et les plus parfaits
de mon passage à l'ambulance du Cours La Reine.

Mlle Marie Giequel des Touches écrivait à
l'Assistante de Mère Marie de la Croix :

La Pourprière, 20 octobre 1919.

CHÈRE MADAME,

C'est du fond du cœur que nous vous sommes
unis, ma belle-sœur, mon frère et moi, dans l'immense épreuve qui vous atteint et qui atteint tous les
amis de la sainte et toute dévouée Mme Jouet. Nos
prières la suivent dans cette matinée qui vous enlève
tout ce qui restait d'elle ici-bas, et c'est un vif regret
de ne pouvoir nous joindre à vous à Chaillot. Mais
son âme plane sur tous ceux qu'elle a aimés et sur
toutes ses œuvres. C'est elle certainement qui prie
pour vous et pour nous. On aime à la contempler là-
haut, recevant l'éternelle récompense et jouissant
d'un repos acquis par tant de labeurs! C'est avec
reconnaissance que je pense à cette dernière lettre,
que vous aviez bien voulu m'écrire de sa part, à l'intérêt qu'elle cherchait encore à prendre aux jeunes
filles que je lui recommandais. J'avais été un peu
inquiète en ne reconnaissant pas son écriture; mais
j'ignorais qu'elle fût malade et déjà si malade
hélas!... Vous me permettrez d'aller vous parler
d'elle lorsque j'irai à Paris. Et vous me permettrez,

chère Madame, de reporter un peu sur vous de l'affection que je lui avais vouée depuis de longues années.

Nous citerons encore quelques lettres des Dames de Notre-Dame des Vocations.

Mme Roger de Sainte-Opportune, présidente de l'œuvre, écrivait à la même :

Château de Saint-Quentin, le 18 octobre 1919.

Ma chère Sœur,

Je reçois à l'instant la lettre du R. P. Maximin m'apprenant que cette sainte Mère est auprès de Dieu. Je viens partager votre douleur!... et pleurer cette véritable amie (elle me permettait de l'appeler ainsi). Depuis longtemps, elle entrait dans ma vie, me suivait dans mes peines et dans mes joies... Du fond de mon cœur, je lui demande de prier pour ceux qu'elle laisse, pour les œuvres auxquelles elle donnait ses forces, son dévouement. Je sais combien elle vous aimait, et que notre douleur se confond.

Veuillez, ma chère Sœur, être auprès de la communauté l'interprète de ma bien triste sympathie. Je vous envoie l'expression de mes sentiments très sincèrement affectueux.

La vicomtesse de Melun au P. Claude :

Belon, 21 octobre 1919.

Nous recevons ici lettres et journaux avec de si grands retards en ce moment que j'ai appris hier seulement par votre lettre à ma fille et par la *Croix* le départ pour le ciel de la chère et vénérée Mme Jouet! J'en ai éprouvé un vrai chagrin, et j'ai hâte de venir vous prier d'agréer mes respectueuses et très sincères condoléances pour cette perte si douloureuse, et irréparable pour vos œuvres, pour toutes les pieuses entreprises de vous et des vôtres! Aussi, tous les amis de la Bonne Presse ressentent-ils vivement cette mort.

Pour moi, elle me cause une peine profonde, car depuis près de trente ans j'avais voué à Mère Marie de la Croix, dont nous avions la joie d'être alors les voisines, beaucoup d'affection et une véritable vénération. Maintenant, nous nous voyions bien peu; mais je ne la rencontrais jamais sans une joie sensible. Hélas! nous ne la retrouverons plus ici-bas; mais la privation n'est que pour nous : quel bonheur pour elle de jouir enfin là-haut de Celui pour lequel elle a tant travaillé et qu'elle a tant aimé! Ne pouvons-nous pas avoir toute confiance en son crédit auprès de lui? Que de grâces elle attirera sur ceux et celles qui partageaient ses sollicitudes et sur les œuvres auxquelles elle s'était dévouée!

Mlle de Marle, en religion Sœur François de Sales, au monastère de la Visitation d'Orthez, écrivait au P. Eugène Monsterlet :

MON BON ET RÉVÉREND PÈRE,

Que vous dire en ces premières heures où le sacrifice pressenti est consommé, où le *Fiat* remplace toute autre prière, où la seule consolation est de penser au bonheur dont jouit sans doute déjà l'âme si sainte et si aimée de la chère Mère Marie de la Croix?

Quelle amie parfaite ! Merci, mon Père, de la délicate bonté avec laquelle vous nous avez unies tout de suite à votre deuil profond. Que notre sainte Marguerite-Marie suscite pour la chère et très éprouvée Assomption une pléiade de « Marguerite-Marie » et de « Marie de la Croix ». Une mort telle que celle que nous pleurons est une semence d'héroïsme et de sainteté.

Communions, Chemins de Croix, suffrages offerts par nos cœurs affligés, se joignent aux prières de tous et de toutes. Oserai-je vous prier de faire agréer à qui de droit nos douloureuses condoléances, spécialement à Sœur Marie de la Résurrection, Sœur Agathe et Sœur Juliette, et pour vous notre religieux respect au pied de la Croix ?

La T. R. Mère Marie du Christ, Supérieure générale des Oblates, accablée par l'âge et les infirmités, était venue bien souvent visiter sa chère fille pendant sa maladie, mais l'état précaire de sa santé ne lui permit pas de l'assister dans ses derniers moments. Dieu le voulut ainsi sans doute pour donner à ces deux âmes le mérite d'un grand sacrifice. Notre Mère, qui avait espéré jusqu'à la fin en la vigoureuse constitution de Mère Marie de la Croix, eut encore la douleur immense, après beaucoup d'autres, de pleurer l'un de ses plus fermes soutiens et l'une de ses filles dont elle était le plus légitimement fière.

CHAPITRE XIV

Sa physionomie morale — Ses vertus

La nécessité de suivre l'ordre chronologique pour satisfaire à l'exactitude historique dans les pages précédentes ne nous a pas permis de parler spécialement des vertus de Mère Marie de la Croix ni de montrer leur influence dans le milieu d'œuvres où elle vécut. Nous allons essayer de le faire, en ce dernier chapitre, au risque de quelques redites qu'on voudra bien nous pardonner.

Ce n'était certes pas une physionomie banale que la sienne. Nous avons déjà dit, plus haut, en la présentant à nos lecteurs, qu'un parfait équilibre la caractérisait en toutes choses. En effet, pour quiconque l'a connue, elle offrait deux aspects essentiellement différents qui, loin de se contredire, se complétaient et s'harmonisaient merveilleusement : la force et la bonté.

Elle fut bien vraiment « la femme forte » dans le plein sens de ce mot. La force semble avoir été le don par excellence versé par Dieu, avec une abondance singulière, dans cette âme

si richement douée à tant d'égards. On ne vit
jamais en elle de fléchissement à aucun moment
de son existence. D'une intelligence vive, pénétrante, complète, pratique, elle connut tout son
devoir, elle le voulut tout entier, et ce qu'elle
voulut, elle le réalisa toujours.

« Quand je dois faire une chose, disait-elle
simplement à une de ses filles, je la fais toujours
et je ne me laisse rebuter par aucun obstacle. »

Son indomptable énergie morale, que les difficultés décuplaient au lieu de l'abattre, était
servie par un tempérament de fer que rien ne
semblait incommoder ni fatiguer. Nous avons
dit ses jeûnes, ses veilles, ses travaux. Pendant
de longues années, elle porta — au témoignage
de son confesseur — des instruments de pénitence : une ceinture et un bracelet de fer ; de
plus, sur la poitrine, un cœur avec pointes
acérées, sans préjudice de la discipline qu'elle
prenait régulièrement tous les jours. Le corps
ne comptait pas pour elle. Son austérité, sa
mortification qui étaient, dans la Congrégation,
choses notoires, ne se sont jamais démenties
un instant. Qui se souvient de lui avoir entendu
parler de sa santé ou de sa fatigue? Au regard
du matériel de la vie, elle ne paraissait avoir
ni besoins, ni désirs, ni répugnances. Jamais
elle ne supporta que son titre de Supérieure fût
un motif pour lui procurer un traitement de

faveur ou des douceurs particulières. Elle en profita seulement pour se priver et se mortifier dans une mesure qu'elle n'aurait jamais permise à personne. Quand une Sœur, par une intention très louable, essayait de ruser pour la traiter un peu mieux, la Mère recevait ces sortes de prévenances d'une façon qui ôtait toute envie de recommencer. Au réfectoire, elle suivit toujours le régime commun, sauf une exception qui en était une aggravation plutôt qu'une dispense : elle buvait aux repas de l'eau ou de la tisane au lieu de vin. En fait de mortification, elle pratiqua excellemment la grande loi du travail. On ne la trouvait jamais inoccupée. Elle ne perdait pas un instant. Je ne sais pas si quelqu'un l'a vue se reposer. Aucun labeur matériel n'était indigne d'elle. Elle n'était point de ces supérieures « que leur grandeur attache au rivage ». Elle mettait volontiers la main à tout; son éducation, très pratique, l'y avait d'ailleurs préparée, et son désir permanent d'obliger la portait à des besognes dont ses graves et multiples responsabilités auraient dû la dispenser. Que de fois ne l'a-t-on pas vue, même et surtout au Cours la Reine, aider à la cuisine, pour tirer d'affaire une officière embarrassée, ou relever de quelque gâterie le dessert d'un jour de fête?

Malgré le surcroît d'occupations dont les pages qui précèdent peuvent donner une idée.

elle ne supportait pas qu'on lui fît son lit, ni sa chambre, ni qu'on la servît en quoi que ce soit. Pour sa literie, malgré le trouble mis en notre vie par la sécularisation, elle s'arrangea de façon à conserver sa paillasse piquée dans l'appartement où elle résidait. La guerre l'obligea à se réinstaller au Cours la Reine d'où l'on avait enlevé toutes les paillasses d'Oblates. Elle reposa alors sur un mauvais matelas auquel il ne fallut jamais toucher. On ne put réussir à l'empêcher de faire son lit que huit jours avant celui où elle ne devait plus le quitter. Son misérable matelas, trop grand pour la petite monture de fer, était si dur que les Sœurs en étaient désolées. Quand les docteurs vinrent lui faire les ponctions, on en profita pour lui dire que cette couche si basse n'était ni convenable ni commode; et l'on pria l'un d'eux d'en faire la remarque. On remit alors un second matelas un peu meilleur que l'autre. Comme elle était déjà tout écorchée, elle n'en éprouva aucun bien-être et ne fit point d'objection. Pour faire plaisir à ses infirmières, elle acceptait de temps en temps des coussins plus doux, mais bientôt sous un prétexte quelconque, elle les faisait enlever.

Jamais elle ne cherchait ses aises en rien : elle s'arrangeait de n'importe quoi. Les habituées de la chapelle des ateliers se souviennent de l'avoir vue toujours à la place la plus incommode, à genoux sur le sol, près de la porte, dans le corridor.

Il ne fallait pas s'aviser, quand on sortait avec elle, de vouloir lui porter ses livres ni ses paquets. Elle ne l'acceptait pas; elle refusait de même qu'on la débarrassât quand on la rencontrait chargée dans un escalier. Elle se souvenait qu'étant « venue des délicatesses du monde au monastère », c'était, à l'exemple du Maître, pour servir et non pour être servie.

Sa pauvreté ne fut pas moins remarquable que sa mortification. Elle ne voulut jamais accepter pour les choses à son usage, pour son vêtement, rien qui sentît tant soit peu la recherche, et même elle tenait à avoir ce qu'il y avait de moindre, et n'acceptait ses objets du vestiaire de saison que lorsque tout le monde était pourvu. Parfois des personnes charitables et amies lui donnaient ce qui était nécessaire pour l'habiller, et naturellement en plus belle qualité; elle en disposait presque toujours pour autrui, à moins que l'économe ou la lingère ne le lui attribuassent à son insu. Mais il n'était pas facile de la surprendre. Elle n'acceptait pas qu'on l'habillât mieux que ses filles, et il nous souvient d'une fois où celles-ci, après s'être bien mises en peine pour lui confectionner un manteau un peu plus cossu, tout en respectant les droits de la pauvreté, elle ne consentit jamais à s'en servir et le donna à une Sœur d'une autre maison.

Chose admirable, qui témoigne de sa pondération et d'un rare équilibre, c'est qu'elle savait ne pas imposer aux autres en fait de pauvreté et de mortification ce qu'elle exigeait d'elle-même. Sans doute, elle tenait à ce que la régularité fût soigneusement observée; mais, comprenant que l'héroïsme n'est pas la loi commune, elle savait donner le nécessaire avec cette « discrète abondance » dont parle Mgr Gay. Elle si dure, si impitoyable pour elle-même, était pour autrui d'une prévenance aussi attentive que touchante. C'est chose très humaine et très excusable que ceux qui n'ont pas de besoins ne songent guère à ceux des autres. Telle n'était point Mère Marie de la Croix. Aussi compatissante aux souffrances de ses filles qu'elle était indifférente aux siennes, on ne saurait dire ce qu'il fallait le plus admirer : ou que tant d'austérité et de pauvreté ne l'eussent point rendue rigide et avare, ou que tant de condescendance et de libéralité n'eussent engendré ni faiblesse ni prodigalité. Evidemment, c'était chez elle un effet du don par excellence de cette Sagesse « qui atteint d'une extrémité à l'autre et gouverne tout, *suaviter et fortiter* ».

Si la vertu de force avait fait d'elle une religieuse admirablement pauvre et mortifiée, ajoutons que sa première mortification fut toujours la régularité. Nous avons dit son inexorable exactitude au lever jusqu'au 6 janvier 1919, sa fidélité aux exercices prescrits, son horreur pour toute exception. Jusqu'à l'époque où le médecin lui défendit de descendre au réfectoire, elle n'accepta jamais, quelque occupée qu'elle fût, qu'on lui montât, dans sa chambre ou dans son bureau, même une boisson adoucissante, quand elle avait ses interminables rhumes d'hiver. Nous l'avons vue parfois faire redescendre la tisane montée par l'infirmière, désolée de ce que la Mère, trop occupée, n'était pas venue prendre son infusion pendant qu'elle était chaude.

Le détachement de la famille fut pratiqué par elle d'une manière admirable. Nous avons dit la façon héroïque dont elle quitta Narbonne pour entrer au couvent. Dans la suite, non seulement elle ne sollicita jamais la permission de visiter sa famille, mais elle défendit même en toute circonstance la rigueur de la règle contre les propositions de ses supérieurs. On a vu suffisamment son attitude à la mort de son père et de sa mère, sans qu'il soit nécessaire d'insister sur ce point. D'aucuns s'imagineront peut-être que Mère Marie de la Croix avait atteint sans grande lutte un tel degré de détachement et, qui sait? peut-être même que sa nature n'éprouvait point les révoltes de la sensibilité. Les lettres du P. Picard, en éclairant d'un jour singulier cette intéressante question, montrent combien Mère Marie de la Croix ressentait les souffrances des siens, et combien elle devait faire appel à l'esprit de foi pour maîtriser son cœur.

Le 24 juin 1888, le Père écrit de Paris à la novice très angoissée de savoir sa belle-sœur malade et son frère inquiet, sans pouvoir aller les soulager :

Ecrivez à vos chers parents que je ne les oublie pas et que nous prions tous pour eux. La croix est plantée dans le jeune ménage, elle attirera de grandes bénédictions. Ayez confiance et montrez-vous surnaturelle. « Celui qui me préfère son père, sa mère ou son frère n'est pas mon disciple, n'est pas digne de moi. » Il faut tout donner, même sa vie. Oubliez-vous donc et soyez à Notre-Seigneur tout entière. Est-ce qu'il se réserve ?

Et le 18 mars 1889, sur le même sujet :

Du courage, mon enfant, Dieu tiendra compte de votre sacrifice et fera abonder sa grâce dans les âmes qu'il prive de votre présence. Jésus est magnifique dans ses dons; il vous consolera dans la mesure de votre fidélité. Soyez simple et fidèle comme saint Joseph. Priez ce grand saint de veiller sur vos malades.

A propos de lourdes peines de famille, il lui écrit le 2 décembre 1890 :

La vie de ce monde est pleine de misères. Ne nous plaignons pas ; mais servons-nous de ces misères pour expier nos péchés et suivre Jésus dans sa voie douloureuse et sanctifiante. Tenez-vous bien sur cette voie du Calvaire et aimez-la. Pas de gémissements, pas de tristesses. La joie de ne pas faire ce qu'on aime pour mieux accomplir la volonté du bon Dieu gardera la paix et répandra la joie autour de vous.

Et le 28 décembre, au sujet de ses inquiétudes d'avenir pour les siens :

Livrez-vous à Notre-Seigneur pour l'avenir de la famille, comme pour le vôtre. il est notre Sauveur à tous. Comptons sur lui et remercions-le, même dans les souffrances. Je prie bien pour votre père et pour tous les vôtres.

La régularité dont elle donnait en tout un si parfait exemple, elle y tenait également pour les âmes dont elle avait la charge. Sans doute, elle était trop pondérée pour être intransigeante ; mais, tout en ayant égard à la faiblesse des sujets, elle estimait qu'on est religieuse pour quelque chose, et elle n'aurait pas supporté qu'on introduisît des coutumes de relâchement, d'indépendance, de mollesse, de bien-être, de mondanité, incompatibles avec la profession d'Oblates. Religieuse jusqu'aux moelles, elle envisageait les devoirs de sa vocation d'abord, et de sa charge ensuite, avec cet indéfectible sérieux que le P. An... rappelait si judicieusement, comme un de ses traits caractéristiques, au moment où elle reçut l'Extrême-Onction. Il n'y avait point de distraction, d'enfantillage, d'engouement, d'entraînement passager, même innocent, qui pût lui faire perdre de vue son but qui était son devoir... toujours. Elle se prêtait aux diversions avec une aimable condescendance, mais ne se laissait jamais accaparer par elles. Toutefois, bien que sa gravité conservât toujours un je ne sais quoi qui en imposait, et qu'elle n'eût point naturellement dans l'esprit la note plaisante, elle laissait volontiers les autres la donner, et encourageait d'un bienveillant sourire les joyeux propos de ses filles en récréation. Personne ne ressemblait moins à un trouble-fête que Mère Marie de la Croix. On pourrait en donner pour preuve l'aimable simplicité avec laquelle elle se prêta, lors de la fondation de Nîmes en 1891, à la fantastique représentation d'*Athalie,* imaginée par Sœur Marie de B...

Ce sérieux dont nous parlons la portait à se rendre compte de tout par elle-même, à ne rien faire ni laisser faire superficiellement et à ne jamais se payer d'à peu près.

Quand elle donnait un ordre soit pour les malades, soit pour la communauté, soit pour l'atelier, elle s'informait elle-même s'il avait été accompli et ne se déchargeait jamais des difficultés sur ses subordonnées. Quand on venait lui porter quelque plainte, elle suspendait toujours son jugement jusqu'après information auprès de la partie adverse. Les esprits brouillons et précipités, qui prennent leurs impressions pour des faits, se plaignaient parfois qu'elle ne tenait pas compte de ce qu'on lui disait. En réalité, c'était sagesse, prudence et justice.

Sa possession d'elle-même était surprenante. Maîtresse de ses paroles comme de ses actes, jamais son expression ne dépassait sa pensée : la seconde informait toujours la première. Elle se défiait chez elle et chez les autres de l'impressionnabilité comme d'une maîtresse d'erreurs et d'une semeuse de chagrins imaginaires. Aussi, n'agissait-elle jamais sur un premier mouvement. Ses observations étaient toujours mesurées et encore n'en faisait-elle qu'après s'être bien assurée de ce qu'elle avait à reprocher. Une seule fois, à notre connaissance, il lui arriva de manquer à cette loi qu'elle s'était imposée. Nous croyons utile d'en raconter le détail, car cette exception, en justifiant la règle que nous venons d'énoncer, met en relief l'humilité de la chère Mère.

Un jour, par suite d'une erreur involontaire, elle fit une observation assez sévère à la Sœur chargée de la dépense au sujet d'un fait répréhensible dont une autre qu'elle était coupable. La dépensière reçut l'humiliation sans rien dire, comme le prescrit la règle. Mais dans la suite, la Mère, ayant appris, par d'autres qu'elle, la vérité, eut un si profond regret de la chose, qu'elle vint demander pardon à genoux à la religieuse injustement incriminée. Et comme cette dernière, toute confuse, ne sachant quelle contenance prendre, balbutiait : « Mais, ma Mère, vous n'en saviez rien, ce n'était pas de votre faute, » Mère Marie de la Croix renouvela ses excuses, en insistant sur le tort qu'elle avait eu de faire une observation si sévère sans s'assurer qu'elle était méritée. La Sœur qui nous racontait récemment ce trait ajoutait qu'elle en avait été émue jusqu'aux larmes, mais qu'elle l'avait toujours tenu caché par délicatesse pour Mère Marie de la Croix.

Nature admirablement équilibrée, étrangère à toute précipitation, aussi bien dans les jugements que dans les paroles et les actes, son maintien, son langage, étaient toujours calmes, graves et posés. On était étonné qu'elle suffît à tout sans avoir jamais l'air affairée. Un jour, en 1899, un horrible accident étant arrivé dans la maison à un ouvrier clicheur, (il s'était fait couper les deux mains au laminoir), on vint à la chapelle prévenir la Mère pendant le Salut. Elle sortit en hâte pour obvier au plus pressé : les Sœurs et les enfants remarquèrent malicieusement qu'on l'avait vue, pour la première fois, marcher plus vite que de coutume. Cette remarque de son entourage montre assez combien on était habitué à la voir se posséder en toute rencontre. En effet, toute chose se faisait par elle simplement et sans éclat. C'était en elle de ne faire état ni de ses souffrances, ni de ses labeurs, ni de ses fatigues. Elle avait horreur de ce qu'on nomme vulgairement le « bluff » et même de cette innocente réclame que font parfois inconsciemment de bonnes âmes autour de leurs peines et de leurs travaux. Elle n'aimait pas qu'on parlât des siens. Il ne semblait pas qu'elle éprouvât le besoin d'alléger ses difficultés et ses souffrances en les racontant, ou en communiquant ses impressions. C'était un abîme de support, mais un abîme silencieux. Elle endurait tout sans rien dire, et ne se livrait que peu ou point. *Anima mea in manibus meis semper* (1) aurait-elle pu dire avec le psalmiste. C'était dans l'union habituelle avec le « Dieu fort », qu'elle cherchait sa seule consolation et retrempait son étonnante énergie.

Après avoir dit que Mère Marie de la Croix était un abîme de support, pour compléter cet

____

(1) Mon âme est toujours dans mes mains.

ordre d'idées il faut ajouter qu'elle était un tombeau de discrétion. Remarquable était la prudence de ses paroles : il ne lui en échappait jamais d'inconsidérées. On pouvait tout lui dire sans crainte : non seulement le secret était rigoureusement gardé vis-à-vis de tous sans exception, mais elle ne s'en servait jamais d'aucune manière perceptible au dehors. Rien dans son attitude, dans sa conduite, dans ses paroles, ne pouvait faire deviner qu'elle savait une chose quand on l'avait confiée à sa discrétion, ou même quand, sans en avoir reçu le dépôt, elle sentait que le silence était préférable, ou simplement préféré sans motif, par les intéressés. Les secrets des autres devenaient les siens. Les gens loquaces et curieux pouvaient trouver qu'elle ne parlait guère. Peu lui importait. Les bavards, au sens péjoratif du mot, lui étaient suspects. Elle se serait gardée de les imiter même de loin. Aussi était-elle plutôt sobre en paroles, et ne lui faisait-on jamais dire que ce qu'elle ne tenait pas à garder. On aurait pu lui appliquer ce passage de Bossuet sur la duchesse d'Orléans, dans son oraison funèbre : « Ni la surprise, ni l'intérêt, ni la vanité, ni l'appât d'une flatterie délicate ou d'une douce conversation, qui, souvent, épanchant le cœur, en fait échapper le secret, n'était capable de lui faire découvrir le sien, et la sûreté qu'on trouvait en celle que son esprit rendait si propre aux grandes affaires, lui faisait confier les plus importantes. »

En effet, on recourait à son conseil en mille circonstances graves et délicates, car cette sage retenue dans les paroles rendait son commerce précieux et reposant, en donnant auprès d'elle le sentiment d'une sécurité absolue.

Nous venons de dire comment Mère Marie de la Croix pratiquait cette souveraine mortification, si rare et si difficile, du gouvernement de la langue; un dernier trait qui la parachève, c'est son horreur de toute trivialité. Simple, naturelle, ennemie de toute affectation comme de tout pédantisme, sans aucune étroitesse, elle gênait et interdisait pourtant par sa présence toute vulgarité. Elle n'avait nul dédain pour les gens et les choses simples, même frustes; elle leur était, au contraire, bonne et bienveillante, mais ce qui donnait tant soit peu dans le commun répugnait à sa distinction innée. Les plaisanteries d'un goût douteux, le laisser-aller dans les paroles, la familiarité excessive, lui praraissaient incompatibles avec la dignité religieuse et même chrétienne. Sa désapprobation, sans excès ni tapage, se manifestait par une froideur silencieuse, facile à interpréter.

Mais toutes ces vertus découlant de la force, n'étaient qu'un des aspects de la physionomie de Mère Marie de la Croix. Le second, tout aussi admirable, et plus sympatique encore, était sa bonté.

Ses belles qualités d'intelligence et de volonté furent comme les humbles sujettes d'une reine aimée au service de sa charité, si complète en sa double forme envers Dieu et envers le prochain. Elle ignora toujours cette quiétude égoïste dans laquelle une piété mal entendue se croit parfois le droit de jouir paisiblement de Dieu sans songer à autrui. Tous ceux qui ont vécu près de Mère Marie de la Croix peuvent témoigner de son complet oubli d'elle-même. Elle n'avait pas d'affaires personnelles. Ses affaires, c'étaient celles de Dieu et de son prochain. Elle ne savait rien refuser de ce qui pouvait intéresser la gloire de Dieu, sa Congrégation, ses supérieurs, le bien des œuvres. On n'imagine pas ses ingéniosités et ses prévenances pour faire plaisir et pour obliger. Ceux qui en étaient l'objet se trouvaient, au premier abord, étonnés et ravis puis ils se disaient : « C'est toujours bien elle ! »

Dans sa communauté, qui dira ses délicates attentions pour ses filles : quand l'une était retenue par sa santé dans l'un des appartements, la Mère lui envoyait plusieurs fois par jour l'infirmière, pourvoyant par ses ordres à ce que rien ne manquât. Elle-même, par n'importe quel temps, et malgré ses occupations, ne manquait jamais d'aller chaque jour bénir la malade, se faisant une joie de lui porter quelque douceur ou de lui préparer une tisane. Si la Sœur souffrante habitait la maison même, c'était plusieurs fois par jour que la Mère y allait, ne fût-ce qu'un instant.

— Je me rappelle, disait une de ses filles, qu'un soir n'ayant pas reçu sa bénédiction, j'allais finir par m'endormir, un peu triste tout de même, lorsque j'entendis des pas dans le couloir. Tout le monde était couché à cette heure tardive. J'eus l'intuition que c'était la Mère qui venait, mais je n'osai pas espérer pareille joie. C'était bien elle pourtant, et comme je me récriai de la voir se fatiguer ainsi après une journée particulièrement pénible :

— Oh ! me dit-elle, il me restait encore un chapelet à dire, et j'ai pensé que ma fille ne dormirait pas bien, si je ne lui donnais pas, comme chaque soir, ma bénédiction.

Elle observait maternellement les signes de fatigue ou de souffrance chez ses filles, pour leur faire devancer, quand besoin était, l'heure du coucher. Au moment des vacances, elle voulait leur assurer toutes les conditions d'un vrai repos, après l'année si péniblement passée sans air dans les ateliers. Si elle prévoyait qu'une excursion ou un pèlerinage aux environs pût leur être agréable, elle devançait ce désir. Au départ, elle veillait elle-même aux provisions de voyage, et y joignait, la plupart du temps, quelques douceurs. Elle ne regardait à rien pour le soin des santés, et s'en tenait sur ce point au texte de la règle : « Quand une Sœur est souffrante, qu'on croie simplement ce qu'elle en dira. » Elle préférait être trompée, plutôt que de laisser quelqu'un manquer du soulagement nécessaire dans ses infirmités.

Quand il lui paraissait opportun, pour un cas particulier, de donner au sujet de la règle une dispense qu'elle n'avait pas le droit d'accorder, elle insistait auprès des supérieurs majeurs afin d'obtenir aux autres ce qu'elle eût refusé pour elle-même.

Les deuils qui survenaient dans nos familles mettaient encore en relief sa charité. Non seulement, elle compatissait affectueusement à nos larmes, mais elle ne manquait jamais de faire célébrer la Messe pour nos parents défunts.

Quant aux autres peines de famille, elle les pansait avec une délicatesse et un tact exquis. Son esprit, plein de ressources, était toujours au service d'un cœur qui ressentait toutes les peines des autres. Il était rare qu'elle n'y trouvât pas un remède ou un adoucissement. Bien souvent, des secours pécuniaires fournis à temps, ou des démarches épineuses, habilement conduites, tiraient les intéressés d'une situation angoissante. Citons ici un témoignage :

Je suis plus à même que personne d'apprécier la charité et la discrétion de Mère Marie de la Croix, qui a été d'une extrême bonté pour ma famille. Ingénieuse à découvrir elle-même certains besoins que l'amour-propre cache, elle allait au-devant avec une délicatesse qui souvent m'a fait pleurer. Aussi, chez nous, on la vénère comme une sainte.

Qui dira ce qu'elle fit pour les familles des Sœurs pendant la guerre? Les belles choses qu'il y aurait à dire, s'il nous était permis de parler! Mais ce qui restera caché aux yeux des hommes ne le fut point pour l'Epoux divin dont le regard seul importait à la Mère.

Ses filles pouvaient toujours compter sur elle et recourir à son intervention dans n'importe quel embarras. On savait qu'elle avait un remède à tout et on s'en était fait une telle habitude qu'on n'imaginait pas cette providence vivante faisant jamais défaut. Elle fut, jusqu'à la fin, au service de toutes et de chacune, car elle ne se serait jamais résignée à refuser ses bons offices.

Vers le 20 septembre 1919, moins d'un mois avant sa mort, elle s'occupait encore de faire traduire une lettre espagnole pour une personne qui, sachant qu'elle lisait assez couramment cette langue, lui avait demandé ce service. Elle accompagnait l'envoi de la traduction du mot suivant, le dernier qu'ait reçu d'elle la destinataire :

Bien chère amie,

Il y a si longtemps que je ne lis même pas de l'espagnol que j'ai craint de vous faire une très mauvaise traduction. Je l'ai demandée à quelqu'un qui m'en a fait un résumé très succinct.

Le reste est de la tendresse et du remplissage.

Bien affectueusement vôtre en Notre-Seigneur.

R.-H. JOUET.

Pouvoir descendre encore à un détail aussi minime, simplement, posément, presque au seuil de l'éternité. On pourrait juger Mère Marie de la Croix sur ce trait.

Pour prouver combien elle était véritablement mère par ses délicates attentions et ses aimables gâteries envers ses filles, les témoignages surabondent et se répètent. On nous pardonnera de ne pas les citer.

Toutefois, si admirable qu'elle fût dans son rôle maternel, elle n'oublia jamais qu'elle était fille avant d'être mère. Elle ne cessa d'être pour Mère Marie du Christ, à qui elle avait voué la plus affectueuse déférence, une auxiliaire exceptionnelle plus encore par sa parfaite soumission que par son intelligente activité. Son dévouement à ses supérieurs fut sans bornes, et son obéissance envers eux parfois héroïque. Leurs décisions étaient reçues et exécutées par elle sans aucun commentaire. Si pénibles que fussent les circonstances, Mère Marie de la Croix ne permettait à personne de juger l'autorité ni ses actes. Elle s'était fait une loi de ne jamais refuser ni demander un sujet plutôt qu'un autre. Quand on lui en retirait un très utile aux œuvres pour le remplacer médiocrement, ou même pour ne pas le remplacer du tout, elle ne faisait aucune objection. Aussi Mère Marie du Christ disait-elle souvent : « Oh ! pour Mère Marie de la Croix, on peut lui prendre ou lui donner n'importe qui. C'est toujours bien. » En effet, elle s'arrangeait comme elle pouvait, sans jamais se plaindre de la surcharge. L'exemple de son abnégation était contagieux : les Sœurs, qui auraient été tentées de réclamer, marchaient quand même à sa suite, redoublant silencieusement leur labeur.

On la trouvait toujours comme un soldat au port d'armes quand il s'agissait d'accepter les plus onéreuses missions. Rien n'était de trop ni trop dur pour elle dans un service commandé. Et ce qui n'est pas moins admirable, c'est qu'elle prenait toujours à son compte les désagréments qu'elle pouvait épargner à ses supérieurs. Dans les cas où il fallait assumer une responsabilité compromettante, nous avons toujours remarqué qu'au lieu de la rejeter sur eux pour se tirer d'affaire, elle la prenait au contraire sur elle dans la mesure du possible. Elle ne manquait jamais de couvrir l'autorité devant ceux que la prudence de la chair portait à blâmer des actes de prudence surnaturelle. Peu lui importait de s'attirer par là des affronts et des reproches.

Quoique sa communauté de cinquante religieuses parût un assez vaste champ pour sa charité, elle l'étendait encore bien au delà : aux Sœurs des autres maisons et aux Pères dont elle fut si souvent la providence. On a vu ce qu'elle fit pour les alumnats, les noviciats, les fondations, les missions, les ventes de charité, les pèlerinages, les œuvres de Notre-Dame de Salut. Il faudrait pouvoir dire ce qu'elle fit pour installer les appartements des religieux dissous, comment elle s'occupa des innombrables déménagements que leur imposaient les tracasseries policières, comment elle pourvoyait à leurs repas, quand la « Catu » faisait défaut, et comment elle les réjouissait fidélement de quelques gâteries les jours de fête.

Le personnel masculin et féminin de la Bonne Presse n'était pas moins l'objet de ses sollicitudes. Elle était au courant des nécessités de toutes les familles, au temporel comme au spirituel, et s'en occupait sans cesse. Tantôt, c'étaient des malades à visiter ou à conduire en consultation, ou bien encore à faire admettre à l'hôpital. Tantôt, c'étaient les sacrements qu'il fallait faire administrer à un moribond. Une autre fois c'était une villégiature à trouver pour un convalescent. Elle suffisait à tout, soit par elle-même, soit par son personnel, soit par les puissantes influences que lui assuraient ses nombreuses relations dans la haute société, dans le monde médical et dans celui des œuvres.

Qui dira combien compatissante aux vraies peines d'autrui était cette personne que d'aucuns prétendaient froide?

Il nous souvient qu'en 1899, lorsqu'arriva à l'ouvrier clicheur dont nous parlions plus haut l'accident qui lui coupa les deux mains, la Mère se rendit une première fois vers 7 heures du soir, en voiture, avec une de ses religieuses, au domicile de l'infortuné, situé à Billancourt, pour prévenir doucement sa femme du malheur survenu, et la préparer aux graves complications qui pouvaient en résulter. Vers 10 heures du soir, l'hôpital où le malade était transporté, ayant communiqué ses craintes que le blessé ne passât pas la nuit, à cause de la fièvre qui montait toujours, Mère Marie de la Croix, comprenant la terrible secousse qu'éprouverait le lendemain la pauvre femme, repartit à 11 heures avec Sœur Saint-Jean pour préparer la malheureuse au fatal dénouement, et lui porter les consolations de la foi, en l'exhortant à la résignation. Ajoutons que, par bonheur, la victime survécut. Mais qui n'admirerait la délicate sensibilité de la Mère en cette circonstance !

Cette obligeante bonté s'étendait encore bien au delà du personnel de la Bonne Presse. Dans des milieux très divers, laïques ou religieux, que de personnes auxquelles elle faisait du bien et rendait des services !

Sa correspondance en fait foi.

Mlle Cécile de Marles, qui avait été dans le monde son associée et son aide pécuniaire pour tant d'œuvres avant de devenir, à la Visitation, Sœur François de Sales, continuait du fond de son monastère à user de l'inlassable dévouement qu'elle connaissait si bien. Un volumineux paquet de lettres de la Visitandine montre la supérieure du Cours la Reine sans cesse en rapport avec le couvent d'Orthez, pour toutes sortes de services, œuvres ou commissions. Une lettre de la Mère prieure à Mère Marie de la Croix à l'occasion de la mort de Mme Jouet-Bissière en donnera quelque idée :

Monastère d'Orthez, 22 juin 1917.

MA VÉNÉRÉE ET BONNE MÈRE,

Il m'en a coûté de n'avoir pu accompagner de mes remerciements ceux si vifs et si affectueux de notre chère Sœur François de Sales qui s'est fait notre écho et a été témoin de notre grand contentement à la vue de tous vos présents pour lesquels je ne puis assez vous exprimer toute notre reconnaissance. Quelle délicatesse dans le choix qui a présidé à l'envoi ! et

quel cœur de sœur et d'amie il nous révèle de nouveau!... Oh! merci! merci! pour le présent, le passé
et... le futur.

Vraiment, ma bonne Mère, laissez-moi (dût votre
modestie en souffrir) dire ici ce qui est notre phrase
habituelle en parlant de vous avec notre chère Sœur
François de Sales : « Cette bonne Mère est incomparable ! »

Vous avez à peine le temps de nous lire ; laissez-
moi pourtant vous dire combien nous avons compati
à votre peine encore si cuisante, mais qui, au fond
du cœur, vous embaume de son parfum. Oui, vous
avez perdu une sainte mère ici-bas, et vous la sentez
maintenant comme on sent la grâce, l'influence
divine, le souffle divin. C'est une sainte et une grande
sainte qui, après bien des croix, jouit pour jamais,
et, avec un éternel enivrement d'amour, se fait notre
médiatrice, notre ange gardien. Que de grâces elle
va nous obtenir !

.   .   .   .

Ma bonne Mère, je me tais afin de ne pas abuser
de votre temps, et c'est aux pieds de Jésus, le divin
Répondant, que je dépose l'acte de notre dette de
gratitude que le ciel est chargé d'acquitter...

La guerre augmenta, comme nous le disions
plus haut, la liste de ses obligés : il y eut les
soldats de l'ambulance, ceux du front, les prisonniers, les réfugiés, les parents des Sœurs, et
tant d'autres. Aucune détresse n'était oubliée

d'elle, et moins que toute autre, la détresse qu'on lui cachait. Elle ne se lassait pas des demandes réitérées, encore que, parfois, leur indiscrétion ne pût échapper à son extrême perspicacité. Elle rencontra souvent l'ingratitude et l'indélicatesse. Elle les sentit et en souffrit sans se plaindre, puis continua... Elle donnait, donnait toujours, avec la mesure pleine, entassée, débordante.

Grande et libérale en toutes choses, étrangère, à tout calcul mesquin, elle faisait preuve, quand on avait à traiter d'affaires avec elle, du plus noble désintéressement. Quoiqu'elle ne fût ni prodigue ni imprévoyante, la parcimonie lui répugnait.

Elle qui aimait tant à donner, procurait aux autres, quand elle le pouvait sans nuire à la pauvreté, cette exquise jouissance de la charité. Son plaisir préféré fut toujours celui d'autrui. Aussi, voir qu'elle avait fait un heureux lui procurait un bonheur qui illuminait sa physionomie. C'était peut-être la seule manifestation de l'intime de son âme qu'elle ne pût s'empêcher de laisser paraître, elle qui se livrait si peu!

La bonté de Mère Marie de la Croix avait un caractère tout spécial. Elle ne consistait pas en paroles. Il ne nous semble pas qu'elle se soit beaucoup répandue avec personne en grand étalage de protestations. Elle avait horreur de cette contrefaçon de la bonté qu'on nomme la sensiblerie.

Certes, elle avait un grand cœur ; la vie que nous venons de raconter le prouve surabondamment, et quand elle avait une fois donné son affection, elle était capable, pour qui elle aimait, d'un dévouement aussi héroïque que silencieux. Mais sa bonté était marquée au coin de ce sérieux qui caractérisait tous les actes de sa vie, et elle ne résidait point dans les apparences. C'était le vrai bien, le soulagement effectif, la consolation réelle du prochain qu'elle cherchait, et non la gloriole, la reconnaissance ou une satisfaction du cœur. Ce n'était pas un caprice ou un engouement passager, ce n'était pas pour en avoir l'air, ni pour le dire ou le faire dire, qu'elle était bonne. Il n'y avait rien de factice dans cette charité, dont la probité, si l'on peut employer ici ce mot, était absolue. D'autres ont pu avoir plus de chaleur dans les paroles, dans l'extérieur, quelque chose de plus prenant dans l'accueil. Nous ne croyons pas qu'on puisse pousser plus loin qu'elle l'oubli de soi-même, l'emploi zélé et actif de son être total au bien de tous sans exception.

Car sa charité n'était point étroite et ne se restreignait pas à un cercle de privilégiés. Sans doute, elle était « ordonnée », et ceux que la vénération, l'amitié, la reconnaissance, la responsabilité lui faisaient un devoir d'obliger, furent toujours les premiers servis, nous l'avons prouvé. Mais être dans le besoin en quelque manière suffisait pour faire à son cœur un appel efficace. Elle ne pouvait connaître quelqu'un dans la nécessité qu'elle ne le soulageât aussitôt. La souffrance ou la misère était le courant électrique qui appelait automatiquement l'armature de sa charité. Elle n'était pas de ceux qui versent des larmes stériles sur le chagrin d'autrui, et se contentent d'une compassion platonique. Elle agissait toujours, et il lui eût été impossible de rester inactive devant la peine des autres.

Du reste, sa bonté si originale, si absolument vraie, n'avait pourtant pas cette forme béate, un peu exerçante, qui voit partout des victimes également dignes du plus haut intérêt. Nous avons dit que Mère Marie de la Croix n'était jamais dupe. Elle ne se trompait guère sur les personnes. Ses appréciations, toujours exactes et motivées, étaient marquées au coin d'un parfait sens pratique. Elles eussent été facilement à l'emporte-pièce, si la bienveillance et la charité n'en eussent souvent retenu ou atténué l'expression, car la Mère avait le mot terriblement juste. Serviable fut-elle autant que personne le fut jamais, mais toujours à bon escient. On pouvait avoir confiance dans les personnes qu'elle recommandait, car elle était aussi sobre d'éloges que prodigue de bienfaits. Sa façon de faire le bien, toujours intelligente et raisonnable, imprégnée de prudence surnaturelle, en n'excluant pas l'indulgence, ne tombait pourtant jamais dans la crédulité ni l'aveuglement.

Nous ne croyons mieux pouvoir terminer l'esquisse de la physionomie de Mère Marie de la Croix que par ce jugement, qui, dans sa modeste simplicité, nous paraît d'une justesse incontestable. Il est emprunté à l'une de ses filles :

Ce qui m'a surtout édifié chez Mère Marie de la Croix c'est sa force d'âme, sa patience et la justesse de ses appréciations. Elle accueillait toutes les difficultés avec sérénité, ne s'effrayait de rien, sachant que Dieu vient en aide à ceux qui se confient en lui, et que rien n'arrive sans sa permission. Elle trouvait de suite une solution aux questions les plus embarrassantes et les plus épineuses, paraissant agir sous l'inspiration du Saint-Esprit, et l'on constatait, par la suite, qu'elle avait vu juste.

Sa grande âme, aussi calme que profonde, la faisait apprécier des gens cultivés comme des plus simples, des religieux comme des mondains. Sa présence seule, ou une parole tombée de ses lèvres, rassurait ceux qui étaient tentés de se décourager ou de s'inquiéter. Elle savait se mettre à la portée de ceux qui l'entretenaient, et, d'un mot, relevait les pessimistes ou remettait en place les indiscrets.

Son intelligence cultivée était estimée et appréciée

de tous, car elle perçait aisément dans la conversation, mais toujours pour la gloire de Dieu et le salut des âmes.

Sous des dehors froids et austères, son cœur maternel et sa charité se sont pourtant révélés maintes fois durant sa vie, et, principalement pendant la guerre où elle s'est dépensée sans compter, s'ingéniant à procurer aux combattants tous les secours nécessaires, et même des douceurs vraiment touchantes. Elle accueillait tous ses visiteurs avec bienveillance — et Dieu sait s'ils étaient légion — et se plaisait à leur rendre service ou à leur venir en aide s'ils avaient recours à ses conseils, à son influence ou à sa charité. D'ailleurs, son esprit large et indulgent rendait son commerce facile et lui permit d'étendre son champ d'action bien au delà des limites de sa propre maison.

Enfin, nous pouvons dire, sans crainte de nous tromper, qu'elle nous a quittées pour une vie meilleure, car elle a paru devant Dieu « pleine de jours et de mérites », mais son souvenir nous reste, avec le parfum de ses vertus, et sa grande figure, qui ne s'effacera jamais de notre mémoire, nous sera un exemple continuel d'obéissance, de charité, d'énergie, d'esprit surnaturel et de dévouement. Plaise à Dieu que nous sachions l'imiter comme nous l'avons admirée et qu'elle nous protège du haut du ciel, afin que nous puissions mener à bonne fin l'œuvre à laquelle elle a si puissamment travaillé ici-bas, pour la gloire de Dieu et le salut des âmes.

CHAPITRE XV

La Supérieure

La sage pondération, l'équilibre mesuré, l'indéfectible possession de soi qui imprégnaient tous les actes de Mère Marie de la Croix, eurent une influence précieuse sur le gouvernement de sa communauté, et c'est là qu'il faut chercher la raison pour laquelle la maison du Cours la Reine, malgré une vie très compliquée et les circonstances difficiles qu'elle traversa, conserva toujours une ferveur religieuse très intense, un excellent esprit et un profond sérieux.

Tout d'abord, il faut dire qu'il n'y eut jamais rien d'arbitraire dans le commandement de la supérieure. Sans doute, l'obéissance religieuse doit être capable de tout accepter, et, quant au principe que Mère Marie de la Croix défendit avec la conscience qu'elle mettait à toute chose, elle n'aurait pas supporté qu'on résistât à l'autorité. Mais par devers elle, jamais le caprice ou l'incohérence d'ordres contradictoires ne compromirent cette autorité. Sa façon de l'exercer fut toujours pleine de sagesse, de condescendance et d'aménité. Elle demandait des services plutôt qu'elle ne donnait des commandements. Et si nous ajoutons que son attitude, la dignité de sa personne et de sa vie imposaient le respect, on ne sera point surpris que sa maison donnât le sentiment de cette paix qui est « la stabilité de l'ordre ».

Son esprit lucide, prompt, pénétrant, mais plus pratique que spéculatif, avait informé son amour de Dieu et du prochain. Elle ne s'appesantissait ni ne s'attendrissait sur ses sentiments. Elle ne se reconnaissait pas le droit de perdre son temps à les disséquer ni à discourir sur eux. Ils se résolvaient aussitôt en actes comme la cause engendre l'effet.

On aurait voulu parfois de sa part un peu plus d'abandon et de chaleur communicative. Au premier abord, on trouvait quelque apparence de froideur. En réalité, c'était la pudeur des sentiments les plus délicats, qu'on croirait profaner en les exprimant et qui ne s'extériorisent d'une façon vraiment adéquate qu'en s'actuant. Peut-être était-ce aussi le secret d'une âme qui, voulant toujours rester forte, se raidissait contre l'émotion ? Toujours est-il que le sens de la direction qu'elle donna, tant à la communauté en général dans ses instructions au Chapitre, qu'à ses filles en particulier, fut celui d'une piété vigoureuse et pratique, hostile à la vaine sentimentalité, également éloignée du faux mysticisme et des illusions de l'amour-propre. Elle estimait que la vie intérieure bien comprise doit influer sur la conduite extérieure. C'était à ses yeux un critérium indispensable :

Je suis bien avec vous en ces jours de recueillement, écrivait-elle à une Sœur, et je demande au Maître de vous donner ce dont votre âme a soif, c'est-à-dire sa force, sa grâce et son amour. Ces quelques jours vont certainement marquer une phase nouvelle de votre vie intérieure et seront le point de départ d'ascensions nouvelles. Et comme l'intime et l'extérieur doivent marcher de pair, si nous voulons faire le bien qui nous est confié dans le champ du Seigneur, vous travaillerez aussi, j'en suis sûre à mettre pondération, calme, douceur et humilité dans vos rapports extérieurs avec le prochain. Je demande beaucoup tout cela pour vous et j'ai confiance que vous l'obtiendrez avec la grâce de la constance, de la persévérance dans ces excellentes dispositions.

Devenez une sainte et croyez-moi bien à vous de cœur.   R.-H. J.

Elle exhortait à se donner sans compter, et comme elle avait commencé par le faire avant de le dire, sa parole avait la puissance de l'exemple. Elle combattait la personnalité, l'occupation de soi :

Je voudrais, écrivait-elle à une de ses filles, que vous voyiez pendant cette retraite, combien vous êtes parfois occupée de vous-même d'une manière enfantine, que vous compreniez la nécessité de vous traiter plus vigoureusement, et de ne plus raisonner, en un mot de devenir vraiment sérieuse et soumise... N'entendez pas, quand je vous dis : traitez-vous plus vigoureusement, que je vous demande des mortifications extraordinaires. Non. Ce que je désire, c'est que vous ne vous apitoyiez pas sur vos difficultés et vos soucis, que vous ne cherchiez pas la consolation dans une parole tendre, affectueuse. Etre virile, c'est être calme en présence de la joie comme de la douleur, et savoir dire toujours d'un cœur soumis et reconnaissant : Il vous a plu ainsi, mon Dieu, soyez béni. Voilà ce que je vous demande et ce que demande Notre-Seigneur.

A la même, qui croyait pouvoir justifier le dégoût et l'ennui qu'elle éprouvait, par l'inaction où elle était réduite :

L'inaction ne doit pas nous rendre plus imparfaites ; elle doit nous permettre de mieux voir notre sottise et nos sottises et fortifier nos résolutions généreuses de nous débarrasser de cet hôte important qui est nous-même. Mettez vous de côté une fois pour toutes et vous verrez que tout ira mieux.

Le manque de franchise répugnait à sa nature loyale qui allait toujours droit au but. Elle n'était jamais dupe des petites habiletés par lesquelles l'amour-propre essaye de dissimuler ses sottises, car la clairvoyance de la Mère ne pouvait guère être prise en défaut. Elle ne manifestait pas toujours — par prudence — qu'elle avait surpris certains artifices ou certaines industries, mais elle ne pouvait se défendre de les juger sévèrement. Elle disait un jour dans une instruction à ses filles :

— Si je pouvais dire quelquefois à certaines personnes qui viennent s'excuser, que je sais tout. Mais cela les jetterait dans un trop grand embarras et dans une humiliation qu'elles sont incapables de porter. Alors j'ai l'air d'accepter les explications qu'on me donne, tandis que je ris ou plutôt je pleure intérieurement devant ce manque de sincérité et de loyauté. N'agissons pas ainsi ; quand nous avons fait une sottise, venons tout simplement l'avouer, comme de vraies épouses d'un Dieu humilié.

Elle insistait souvent sur cette sincérité avec soi-même et avec les supérieurs. Et quand la faiblesse des personnes ne lui permettait pas de leur dire en particulier ce qu'elle pensait sur ce point, elle tâchait de le faire comprendre en public par des avis généraux.

En effet, ses observations étaient toujours faites avec tact, mesure, charité et opportunité. Ses reproches n'étaient jamais blessants. Elle savait, pour reprendre, choisir le bon moment, afin de ne pas aigrir une âme déjà inquiète et malade. Comme elle ne corrigeait jamais par passion ni par humeur, et qu'elle n'avait en vue que l'amendement du sujet, quand elle pensait ne pas obtenir ce résultat et craignait de mener les choses au pire, elle avait la sagesse et la modération de différer ou de s'abstenir.

Si la nécessité de la répression l'avait obligée à une certaine rigueur envers une Sœur, elle ne la laissait pas sur une impression pénible, et, pour empêcher le découragement, tâchait d'avoir une bonne parole ou un bon procédé pour la délinquante, lui faisant ainsi comprendre qu'elle n'avait aucun ressentiment personnel et cherchait uniquement le bien des âmes et la gloire de Notre-Seigneur.

L'esprit surnaturel qui caractérisait sa direction se montra spécialement dans le soin qu'elle prit de la formation des novices de deuxième année, que Mère Marie du Christ lui confiait pour essayer les œuvres. Pour la plupart, le chagrin de quitter le noviciat fut adouci en trouvant dans Mère Marie de la Croix une véritable maîtresse des novices, en même temps qu'un modèle vivant de la règle.

Malgré ses nombreuses occupations, elle réunissait les jeunes Sœurs plusieurs fois par semaine, et leur donnait les conseils adaptés à leur vie d'apostolat. L'une d'elles en a conservé quelques notes dont nous croyons pouvoir extraire ce qui suit :

Apportez un grand soin à faire parfaitement les moindres choses, quand il ne s'agirait que d'épousseter une chaise, parce que tout doit être fait pour l'amour de Dieu.

L'obéissance doit dominer tous vos actes. Quelles que soient les œuvres auxquelles on vous applique, ne perdez jamais de vue que vous devez y rester dans une entière dépendance.

Notre-Seigneur a dit : « Je suis doux et humble de cœur. » Il n'y a point d'humilité sans douceur ni de douceur sans humilité. Quel bien fait autour de soi une âme fidèle à ces deux vertus! Elle sait supporter patiemment les petites misères qui lui viennent de la part du prochain. Elle se montre douce, prévenante, pleine d'égards envers toutes, parce qu'elle se juge la dernière.

Sans mortification, pas de véritable vie religieuse. Une âme qui ne se mortifie pas n'est pas digne d'être l'épouse d'un Dieu crucifié. Comme nous ne pouvons pratiquer de grandes austérités, notre mortification principale doit être le support du prochain. Sachons porter les personnes qui nous contrarient ou qui nous sont antipathiques. Pratiquons l'égalité de caractère, même et surtout quand nous souffrons, soit dans le corps, soit dans l'âme, quand nous sommes ennuyés, fatigués, ou surexcités. Là est la vraie mortification.

Chaque dimanche, elle chargeait son assistante de sortir avec les novices pour les faire changer d'air, et visiter quelque sanctuaire parisien où elles avaient la joie d'assister à la fonction sacrée.

Pendant l'été de 1911, lorsque ses supérieurs lui imposèrent quelques semaines de repos à Gisors, elle continua de guider les novices par une correspondance assidue, répondant toujours à leurs lettres par retour du courrier.

Quand arrivait l'époque de la profession, elle prenait grand soin de leur ménager le loisir nécessaire à la préparation de ce grand acte, par une sérieuse retraite.

Puisque nous parlons de la direction de Mère Marie de la Croix, il convient de dire qu'elle n'en abusait pas et ne prêtait pas à ce qu'on en abusât. Sa manière allait à faire des âmes fortes. Tout en étant très condescendante, et en ne se refusant jamais à qui demandait conseil, la Mère ne favorisait pas les comptes rendus interminables des personnes qui se contemplent toujours sans en devenir plus parfaites. Les âmes qui cherchaient à se faire occuper de soi ne réussissaient pas avec elle. Son œil perspicace avait vite discerné entre un besoin réel ou un factice. La mièvrerie et l'affectation ne faisaient pas leurs frais auprès d'elle. Quand on avait été à son école, on savait marcher seule et se suffire à soi-même. Elle ne se rendait pas nécessaire en flattant la sentimentalité. Elle en détachait par le peu de cas qu'elle en faisait, et elle n'aurait pas supporté que l'on tournât autour d'elle par manière d'affection. Elle avait tôt fait de décourager ces sortes d'obséquiosités. Il aurait fallu être bien naïf pour user avec elle de ces tendretés fades, auxquelles certaines personnes croient pouvoir faire grâce en raison de leur sincérité. Sa vigueur les eût réprimées impitoyablement. On ne pouvait d'ailleurs s'attacher à elle que sérieusement, et elle n'aurait pas permis qu'on l'aimât autrement.

Elle ne flattait pas davantage la vanité. Sa clairvoyance, avare d'éloges, mettait les âmes qu'elle dirigeait à l'abri de l'illusion. Certes, elle savait essuyer les larmes légitimes, et même réconforter les âmes faibles dans leurs difficultés, mais jamais elle ne donnait à penser à ces dernières, par la façon dont elle les traitait, qu'elle les considérait comme des victimes. Elle ne portait pas les gens à s'attendrir sur eux-mêmes. Un jour, à une religieuse se plaignant de ce que c'était une mortification pour elle de demander ce dont elle avait besoin à une officière assez difficile de caractère :

— Eh bien! répondit la Mère en manière de consolation, n'êtes-vous pas venue ici pour pratiquer la mortification? Remerciez Dieu qui vous en donne l'occasion.

Lors même qu'elle trouvait qu'une Sœur avait

raison dans un conflit, elle ne le lui disait pas, par crainte du triomphe de l'amour-propre. Elle se contentait de pacifier, témoin la lettre suivante :

Ma chère enfant, je vous demande instamment de ne pas vous inquiéter des difficultés dans les rapports. Je ne crois pas que vous y mettiez la moindre mauvaise volonté. Efforcez-vous de rester patiente, douce.

Quand quelque chose n'ira pas, dites-le simplement pour vous alléger, mais ne croyez pas, si je ne gronde pas, que je suis mécontente. Quand le bon Dieu permet qu'il se rencontre sur notre chemin des personnes difficiles, c'est pour nous exercer à la vertu et pour nous faire pratiquer la charité, en priant davantage pour ces personnes-là.

Passez demain votre journée tranquillement en union avec Notre-Seigneur. N'accueillez pas les pensées qui vous agitent. Vivez dans la simplicité et l'obéissance. Si Notre-Seigneur ne se donne pas encore à vous dans son sacrement, unissez-vous à Lui par une adhésion plus complète à sa volonté qui vous crucifie en ce moment (1).

En un mot, le sérieux, la prudence, la bonté, l'esprit surnaturel caractérisaient la direction de Mère Marie de la Croix, comme tous les actes de sa vie.

C'était la personne sur qui l'on pouvait abso-

----

(1) La Sœur était malade dans un appartement.

lument compter, c'était le conseil toujours
lumineux dans les affaires compliquées, c'était
l'appui solide, c'était le secours fidèle autant que
discret, c'était le dévouement opportun et sans
défaillance. Certes, elle ne chercha jamais à
attirer à elle les âmes dont elle s'occupait, ni
à se rendre nécessaire. Et pourtant, que de personnes, soit dans le monde, soit dans le cloître,
ont eu, en apprenant sa fin, le sentiment
douloureux qu'une colonne de soutènement
s'écroulait dans leur vie !

On jouissait de la sécurité de ses relations
sans y prendre garde. On se reposait sur elle
pour une infinité de choses, avec un égoïsme
inconscient, sans penser qu'elle pût jamais manquer, tant elle avait habitué tous et chacun
à user de son inépuisable charité comme d'un
bien commun.

Nous avons parlé bien souvent de son oubli
d'elle-même, le long de cette notice, au risque
de fatiguer le lecteur. Pourtant, ceux qui ont
connu la Mère rendront témoignage que notre
exposé reste en deçà de la vérité.

Qu'on songe à la vie qu'elle mena pendant
trente ans, occupée de ces choses infimes dont
sont faites toutes les organisations matérielles !
Qu'on se la représente, rongée vivante du matin
au soir, par une foule de détails insipides qui
n'intéressaient son intelligence et son cœur que

par leur but final, très élevé sans doute, mais
forcément lointain pour la nature, souffrant des
contingences quotidiennement douloureuses! On
verra que la place laissée aux consolations —
si tant est qu'il en reste une — demeure bien
restreinte. Jamais Mère Marie de la Croix
ne connut cette satisfaction compensatrice des
œuvres d'enseignement ou d'apostolat plus
direct. Son âme en éprouvait pourtant le besoin.
Quelques notes intimes en font foi. Elle se
reproche avec sévérité de se donner plus aux
travaux d'organisation matérielle qu'au soin des
âmes :

Je me suis trop attachée au côté matériel d'organisation, d'ordre à faire régner, et, vis-à-vis des
âmes, j'ai négligé la note qui va au cœur, saisit et
élève. J'ai vu souvent cette lacune, et je ne l'ai pas
comblée, par affaissement, crainte, impuissance parfois à exprimer ce que je sentais (1).

La raison en était qu'une tâche écrasante ne
lui laissait jamais le temps de se redresser, de
se ressaisir pour ces occupations plus délicates
de la direction spirituelle, qui requièrent la sérénité, fruit de la paix et du loisir.

Mais elle était « Oblate », offerte, pour servir,
aider aux œuvres des autres, sans en avoir ni
l'honneur ni les consolations. Elle ne l'oublia

---

(1) Retraite de 1894 (22 mai).

jamais, et en réalisa, comme personne, l'austère idéal : Donner à Dieu les anéantissements de la vie contemplative et les labeurs de la vie active, sans avoir ni la gloire de l'une, ni les joies de l'autre.

Elle alla droit son chemin, continua sa mission aride, sans bruit ni réclame, car nul ne fut moins surfait qu'elle et n'eut plus horreur de l'être. Elle fut vraiment la religieuse parfaite, toujours donnée, soit à Dieu, soit aux autres.

CHAPITRE XVI

Sa piété

Si Mère Marie de la Croix a fourni la carrière de vertus que nous venons de retracer,
c'est parce qu'elle était avant tout une âme de
prière.

Un esprit de foi lumineux dirigeait tous les
actes de sa vie. Il lui inspirait une piété doctri-
nale et, par conséquent, solide, éclairée, qui ne
se nourrissait point des vaines phrases d'une
religiosité sentimentale, mais d'un véritable
amour de Dieu.

Nous avons dit son assiduité constante
à l'oraison, à l'office divin, à tous les exercices
religieux, malgré le poids des fatigues et la
multiplicité des occupations.

On sait le prix qu'elle attachait à la Messe
et à la Communion dont elle ne voulut jamais
se priver, quelles que fussent sa lassitude et
ses indispositions. Sa dévotion au Salut était
extrême et elle s'arrangeait toujours, quelque
surchargée qu'elle fût, pour s'échapper au
moment voulu, afin d'y être fidèle, même dans

la période où, n'ayant plus d'offices à la maison,
nous devions, pour cela, nous rendre dans une
chapelle voisine. Il n'y avait qu'un devoir impé-
rieux de charité qui pût l'obliger à y renoncer.
Aucune affaire ne l'accaparait assez pour lui
faire oublier l'heure du rendez-vous divin.

On a vu le soin qu'elle apportait à ce qui
regardait la célébration des saints mystères.
Rien n'était assez digne d'eux. Ce n'était pas
sur ce point qu'il fallait lui parler d'économies.
Sa foi, pleine de vénération pour tout ce qui
est d'Église, était impressionnante et communicative. Elle ne laissait jamais traiter lestement
les rubriques de la liturgie ni les cérémonies du
culte, pas plus qu'elle n'eût toléré l'entrée à la
chapelle dans une tenue négligée. Tout ce que
l'Église honore de sa bénédiction, si petite que fût
la chose, avait du prix à ses yeux. C'était elle
qui approvisionnait les centres voisins en eau
bénite, rameaux, cendres. Elle aimait à offrir
les cierges de la Chandeleur et les œufs de
Pâques. Jamais elle ne manquait d'envoyer, pour
le 10 septembre, les petits pains de saint Nicolas
aux maisons privées de la solennité augusti-
nienne. L'acte de foi se doublait avec joie d'un
acte de charité. Il n'y avait chez elle en cela
nulle mesquinerie superstitieuse, comme le pen-
seront certains esprits forts, mais humble soumission et pleine adhésion de sa belle intelligence

aux conduites de Dieu dans le choix des moyens
de notre sanctification.

Son respect du prêtre n'était pas moins
remarquable. On n'aurait osé ni le juger ni le
critiquer en sa présence. Elle ne pouvait supporter ces dévotes qui passent au crible de leur
appréciation le sermon du prédicateur. Elle ne
tolérait pas sur ce point des railleries, même
innocentes.

Notre-Seigneur, exposé sur les autels, était,
de sa part, l'objet d'un culte tout spécial. Il
avait pour elle une attirance mystérieuse :

Je ne sors pas une fois de ma chambre, écrivait-
elle, sans être poussée à passer par la chapelle faire
une adoration, demander le secours de Notre-
Seigneur, lui confier ce que je vais entreprendre.

Qui ne se souvient de la grande part qu'elle
prit, lors du fameux procès des Pères, en janvier 1900, au splendide mouvement de prière
suscité dans la chapelle de la rue François Ier ?
Le Saint Sacrement y demeura exposé pendant
quinze semaines consécutives. Les amis de l'Assomption faisaient, au Dieu de l'Eucharistie,
une cour nombreuse et assidue d'adorateurs.
Mère Marie de la Croix voulut que le personnel
féminin des ateliers y fût constamment et largement représenté. Par ses soins, des groupes
de Sœurs et de jeunes filles s'y relevaient fidè-

lement d'heure en heure, malgré les nécessités du travail, pour demander au ciel le salut de l'œuvre. Les Pères furent condamnés alors, mais aujourd'hui la Bonne Presse, encore debout, continue d'être par le monde une semeuse de lumière et de vérité. A vingt années de distance, les faits sont là pour justifier cette foi robuste dans la prière. La puissance de la divinité cachée sur l'autel, *latens deitas*, devait l'emporter sur la fureur de Satan et de ses suppôts. Mère Marie de la Croix n'en avait jamais douté. Elle savait, comme l'Apôtre, à qui elle s'était fiée. *Scio cui credidi.*

Avant la sécularisation, quand le Cours la Reine avait sa nuit mensuelle d'adoration, Mère Marie de la Croix restait le soir, abîmée dans la prière, jusqu'à 1 heure du matin. Parfois même elle passait la nuit entière. Ce qu'étaient ses colloques intimes avec le Maître, nous l'ignorions. Rien n'en transpirait au dehors. Elle parlait si peu de ce qui la concernait! A défaut de pouvoir pénétrer les secrets de son oraison, nous en voyions les fruits : ses paroles et ses actes, toujours tels qu'ils devaient être, décelaient une vie de foi intense et la présence habituelle de Celui pour lequel elle se consumait avec un entrain sans défaillance. Volontiers on se serait imaginé, comme beaucoup le croient souvent à tort des saints, que la prière assidue de la Mère surabondait de consolations et qu'elle ignorait les difficultés et les souffrances. Il n'en est rien cependant. En parcourant ses notes de retraite, on est frappé de voir combien cette âme si vaillante, que rien au dehors ne paraissait ébranler, était torturée au dedans par la crainte, l'angoisse, la frayeur des jugements de Dieu. L'oraison lui était en général un labeur pénible. Et quand on songe qu'avec cela, elle y fut toute sa vie si inexorablement fidèle, on est confondu devant une telle énergie.

Sa voie fut toujours la voie douloureuse, tant par la volonté du Maître que par son intime attrait. La croix la séduisait irrésistiblement, et ayant choisi d'en porter le nom, ce nom fut bien sur elle une vérité. La Passion du Sauveur, son agonie à Gethsémani étaient les mystères où s'alimentaient plus volontiers sa piété. Elle affectionnait le chemin de la croix, auquel elle consacrait un temps considérable pendant ses retraites. C'était, semble-t-il, une des rares formes de prière où Dieu se départait envers elle de son ordinaire rigueur en versant quelques consolations dans son âme.

Son ardente dévotion aux mystères douloureux se traduisait — car tout chez elle était effectif — par l'amour pratique des souffrances, dont elle fit à plusieurs reprises la demande à Notre-Seigneur. Nous en trouvons la preuve dans ses notes :

Il me semble parfois, écrit-elle, entrevoir comme dans un éclair la réalisation des desseins de Dieu, la réponse à des demandes réitérées de souffrances en 1891, 1893, et renouvelées avec plus d'instances encore l'année dernière (1), à cette époque, et en janvier 1896. Depuis que, toute jeune fille encore, dans le monde, j'avais pris des habitudes de piété, je n'ai pas manqué un jour d'adresser à Dieu cette prière : « Augmentez ma foi, donnez-moi votre amour, ôtez de mon cœur et de mon esprit tout ce qui pourrait me séparer de vous. Merci pour ce que vous me donnez, ce que vous me refusez et ce que vous m'ôtez. »

Le Maître l'exauça et lui versa, dans une large mesure, ses austères faveurs. Parfois, quoique l'extérieur demeurât impassible, la nature était prête à défaillir au dedans. Le P. Picard lui rappelait alors que la voie royale était la sienne :

N'oubliez pas que la croix est votre grâce, et accueillez avec le sourire sur les lèvres les croix qui vous coûtent et que vous n'aimez pas. Ayez confiance. Dieu vous aime.

Et ailleurs :

Vous êtes Marie de la Croix. Ne l'oubliez pas. Mais celui qui est sur la croix s'oublie. Souffrez et espérez.

----

(1) Novembre 1895.

On a pu voir, en effet, combien cette vie fut tribulée à l'extérieur, et par les souffrances venant des missions délicates et des postes pénibles qu'elle eut à remplir, et par les difficultés matérielles dont la trop fidèle succession nous faisait dire plaisamment que la Mère se reposait d'un ennui par un autre ennui.

Mais tout cela ne forme probablement que la moindre partie des souffrances de Mère Marie de la Croix. Les plus cruelles vinrent des épreuves intérieures dont nous parlions plus haut. Par un dessein secret de la Providence, qui voulait évidemment sanctifier cette âme par tous les genres d'austérités, elle souffrit toute sa vie de la crainte de se voir rejetée de Dieu à cause de ses fautes. Il lui semblait que son âme n'était jamais assez purifiée ni ses confessions assez complètes.

J'épuise tout, écrit-elle dans sa retraite de 1895, ouverture de conscience, explications, conseils, silence, prière, distractions, mortifications. Les terreurs résistent à tout. J'essaye de les noyer dans la confiance et d'attendre l'heure de Dieu. Ce sera peut-être celle de ma mort. *Fiat!*

Elle recherche sans cesse la paix sans pouvoir la trouver.

Pax! Pax! ma chère enfant, lui écrit le P. Picard. Notre-Seigneur vous demande de prier, de souffrir, d'expier, de réparer, mais il vous veut à lui et avec lui. Or, vous chercheriez en vain le lieu où il s'est montré agité (1).

La confiance était chez elle une affaire de foi et de volonté; elle ne s'y ouvrait pas naturellement.

Quand il s'agit *pour moi* de confiance, écrit-elle, il me faut aller la chercher au fond de je ne sais quel puits.

Elle se sent comme à charge à elle-même et aux autres :

Je crois être un fardeau si lourd et si inutile que je me sens incapable de rien faire de bon.

Elle avoue « que Dieu donne parfois une lumière qui dilate, mais s'évanouit tout aussitôt pour vous obliger à développer la vie de foi et d'espérance, pour accroître la charité par le désir de le posséder, de jouir de sa présence ». Mais elle ajoute ensuite que Dieu n'en use ainsi qu'avec les âmes généreuses, et elle pense qu'il n'en peut être ainsi avec elle « dont les fautes réclament une expiation ».

La Communion, qu'elle n'eût voulu manquer à aucun prix, lui apportait généralement plus d'angoisses que de consolations.

---

(1) Lettre du P. Picard à Mère Marie de la Croix, 31 janvier 1897.

La Communion quotidienne, objet de mes désirs, écrit-elle, est pourtant aussi une cause d'inquiétude. Il me semble que je ne pourrais vivre sans ce secours, que je franchirais tous les obstacles pour communier, et j'ai peur de cette faveur à cause de mes négligences, de mes distractions, de l'insuffisance de la préparation et de l'action de grâces. La seule pensée qui me rassure, c'est que je vais à la Communion avec le sentiment profond de ma misère et le désir ardent d'être enrichie par la miséricorde et l'amour de Notre-Seigneur. J'ai très souvent présente à l'esprit cette pensée qui devrait animer et résumer ma vie : *Prier, agir, souffrir comme Notre-Seigneur, avec Notre-Seigneur et par amour pour lui.* Mais pratiquement, que fais-je ? Prière sans abandon, sans confiance, se réduisant le plus souvent à des actes de volonté qu'il faut m'imposer de force, excepté de bien rares et courts instants où je puis me livrer à la contemplation d'un mystère et où je suis prise d'un désir irrésistible de me donner et de renouveler des demandes de souffrances et de dépouillement.

Et plus loin :

Hier et aujourd'hui, la pensée qui fait le fond de ma prière est provoquée par la parole de Notre-Seigneur à Gethsémani : *Amice, ad quid venisti ?* Tristesse, douleur, amour, miséricorde, confusion, confiance, regret, j'ai tout trouvé là, mais la note douloureuse l'emporte toujours. Que suis-je venue faire ici ? Trahir Jésus ?... Quand on s'est donné à lui complètement, tout retour sur soi-même, toute

pensée égoïste, toute préoccupation inutile, toute
distraction dans la prière, tout acte de personnalité,
toute lâcheté à son service sont autant de trahisons.
Je n'y pense pas, et puis j'ai des regrets et j'ai
peur. Mais Jésus vient aussi quand je ne vais pas
à lui ou que j'y vais lâchement. Il m'attend, il par-
donne, il expie, il m'attire, il se fait victime pour
que je sois victime aussi, pour que j'apprenne à
souffrir en patience, en silence, en paix. Mais ces
pensées fortifiantes s'acclimatent chez moi beaucoup
moins que celles de découragement et de crainte,
ou plutôt, celles-ci semblent innées dans mon esprit,
tandis que celles-là il faut les y imprimer de force,
et le moindre souffle les fait si complètement dis-
paraître que je me trouve presque constamment
dans une lutte et un chaos tels que je n'y vois goutte
et je n'en peux plus.

Elle écrit, le 4 avril 1892, à la fin d'une
retraite qui a été particulièrement douloureuse :

Je termine une retraite longtemps désirée et qui
ne m'a apporté que souffrance et désolation, sans
aucune énergie pour lutter contre cet état. Je l'avais
commencée avec la ferme résolution de noyer ma
volonté dans celle de Dieu, et cependant j'ai traversé
des heures si pénibles que j'ai craint de devenir
folle ou révoltée. Mais, mon Dieu, vous avez eu
pitié et vous n'avez pas permis que votre misérable
enfant fût infidèle et lâche jusqu'au bout. Achevez
votre œuvre, je vous en conjure, soutenez-moi dans
toutes mes défaillances. Que je sois uniquement et

absolument à vous. Gardez-moi de la moindre infi-
délité, affermissez ma volonté pour qu'elle tienne
les résolutions que je lui confie :

Joie parfaite quoi qu'il m'arrive.

Grande charité pour les âmes, unissant la fermeté
à la bonté pour reprendre et soutenir.

Et vous, ma sainte Mère, faites-moi pénétrer les
mystères de votre cœur si profondément brisé et
daignez me communiquer les sentiments qui vous
ont si complètement unie à votre divin Fils et à son
Église.

Pour quiconque a connu la sobriété d'expression et l'habituelle mesure de Mère Marie de la
Croix, il est facile de deviner dans ces lignes,
émouvantes en leur simplicité, une souffrance
poignante.

On a peine à comprendre ces inquiétudes,
ces terreurs, ces angoisses chez une personne
aussi parfaitement équilibrée et d'un jugement
aussi sain quand il s'agissait d'autrui.

Évidemment, son grand esprit de foi lui
inspirait une très haute idée de la sainteté de
Dieu, qui voit des taches jusque dans ses anges,
et, par suite, une notion de la gravité du péché
dépassant de beaucoup celle que nous avons
communément. La lumière surnaturelle donnait
une singulière acuité au sentiment de sa misère
et de son indignité et la rendait profondément
humble devant Dieu. Le sérieux de son carac-

tère lui faisait envisager les principes religieux et les obligations qui en découlent avec une extraordinaire gravité. Elle eût été incapable avec Dieu de cette désinvolture cavalière pratiquée sans scrupule par des âmes réputées pieuses et s'estimant telles, mais dont la légèreté présomptueuse l'eût déconcertée.

Par ailleurs, il est sûr aussi, comme nous le disions plus haut, que cette voie austère du dépouillement et du crucifiement intérieur était celle où Dieu la conduisait. Le P. Picard le lui redit souvent :

Notre-Seigneur vous fait passer par la voie des purifications. Souffrez, mais ne vous effrayez pas. L'obéissance vous suit, et Notre-Seigneur récompense toujours les âmes obéissantes. La santé se mêle aux peines intérieures pour entretenir et augmenter les angoisses. Je crains que les mortifications de Carême ne viennent aggraver cet état. Soyez prudente (1).

Il ne fallait pas moins, en effet, que l'obéissance pour modérer son avidité de mortifications et l'obliger à recevoir les soins que réclamait sa santé :

Acceptez les soins qu'on vous donne, ma chère fille, et que la mortification porte surtout sur la

____

(1) Lettre du P. Picard à Mère Marie de la Croix, Amélie-les-Bains, 8 février 1894.

patience à soutenir et à reprendre les autres et à vous supporter vous-même (1).

Le Père lui propose la prière aride comme une des meilleures mortifications :

Ne redoutez pas les efforts qui font souvent de la prière une vraie, une redoutable mortification. Que d'hommes préfèrent des heures et même des jours de fatigue plutôt que de s'imposer cinq minutes d'oraison (2) !

Nous avons vu que la Mère fut toujours à la hauteur de ce conseil du Père.

Il ne voulait pas non plus qu'elle s'arrêtât au sentiment de ses impuissances :

Ne tenez pas compte de vos impuissances, comptez sur Notre-Seigneur. Il vous aime et saura triompher (3).

Et plus loin :

Quelle noble vertu que la patience ! Elle doit être l'apanage des supérieurs comme des apôtres. Je la demande pour vous à Notre-Seigneur. J'ajoute mes prières pour que vous retrouviez l'esprit d'oraison et obteniez l'entrain et la vie surnaturelle. Faites effort pour trouver le mot surnaturel qui relève les âmes et les tient vers le ciel par la croix (4).

______

(1) Lettre du P. Picard à Mère Marie de la Croix, Amélie-les-Bains, 2 février 1894.

(2) 25 février 1893.

(3) Lettre du P. Picard à Mère Marie de la Croix, Paris, 28 novembre 1893.

(4) Amélie-les-Bains, 24 novembre 1893.

Parfois le poids du fardeau extérieur se joint à celui de l'intérieur pour mettre son âme comme sous le pressoir. Elle l'avoue à plusieurs reprises au Père qui la réconforte toujours :

Le fardeau est lourd, mais la grâce est puissante. Comptez sur elle et réjouissez-vous dans la joie surnaturelle qui anime vos chères malades (1).

Et encore :

La croix est le legs de votre Epoux aimé. Il ne s'agit pas de la choisir. Aucun saint n'a choisi la sienne. Il faut la prendre bonnement des mains du divin Maître et la porter courageusement. Quelle bonne croix que l'atelier !

Menez bien votre barque, et quand le Maître aurait l'air de dormir, il est à bord (2).

Le Père savait bien que, malgré les épreuves du dedans, la Mère tiendrait toujours ferme au dehors. Il envoyait un mot de réconfort, mais ne s'inquiétait jamais :

Veillez sur nos enfants et sur nos œuvres. Dites à nos malades que je ne les oublie pas et portez vaillamment le fardeau. Jésus veut que vous le sentiez. Que son saint Nom soit béni ! Aimez-le et devenez de plus en plus l'enfant de la Sainte Vierge (3).

------

(1) 3 février 1893.
(2) Lettre du P. Picard à Mère Marie de la Croix, Amélie-les-Bains, 13 décembre 1893.
(3) *Idem*, 27 janvier 1893.

Ailleurs, en un moment où la maladie de plusieurs Sœurs ajoutait encore aux complications ordinaires :

Tenez ferme et soutenez le courage dans la maladie. Il n'est pas étonnant que les almanachs aient encore fatigué vos malades. L'influenza venant s'ajouter, tout doit être bien difficile. Dieu est là. Il ne veut pas que vous ayez le temps de vous occuper de vous. Occupez-vous de lui et soyez toujours souriante (1).

Le Père voyait dans l'exercice de la charité active un dérivatif aux peines intérieures de Mère Marie de la Croix, et il revient sur cette pensée qu'il lui est bon de se donner aux autres :

Rien n'est bon pour vous comme de n'avoir pas un instant et d'être obligée de vous occuper des autres. Recourez à Jésus, vivez avec lui (2).

Fit-elle jamais autre chose que de mépriser ou de taire ses souffrances personnelles du dedans et du dehors pour se donner à tous et à chacun ?

En lisant, dans ses notes intimes, la révélation imprévue des tortures intérieures de cette âme d'élite, quiconque l'a vue vivre sa vie d'extraordinaire dévouement sera saisi d'une intense émotion admiratrice en pensant que la charité

____

(1) Lettre du P. Picard à Mère Marie de la Croix.
(2) *Idem*, Phanaraki, 1ᵉʳ octobre 1891.

de Mère Marie de la Croix, dans ces conditions douloureuses, atteignit à peu près quotidiennement, en sa simplicité silencieuse, un véritable héroïsme.

Quel exemple à proposer aux âmes dont la piété, avide de jouissances, se dérobe devant l'épreuve, le travail et la lutte! Quelle réfutation victorieuse de ceux qui ne voient le véritable amour de Dieu et des hommes que dans la mièvrerie de manifestations amollissantes! Quel remède efficace à la .verbosité sentimentale, à la fausse spiritualité qui se croit très avancée pour adresser à Dieu des protestations enflammées que dément la pratique quotidienne!

La vie de Mère Marie de la Croix semble, en effet, sans qu'elle l'ait cherché, un défi opposé aux défauts de son siècle : son oubli du moi, à l'individualisme excessif; son respect de l'autorité et des saines traditions, à l'esprit de révolte et d'indépendance; sa distinction si digne et si réservée, au laisser-aller sans-gêne et familier; sa bonté saine, robuste, sincère et pratique, à la sentimentalité outrancière et morbide; sa constante mortification, à la recherche effrénée du bien-être et du plaisir; son magnifique dédain des richesses, à l'âpre poursuite de la fortune; sa charité si pure et si désintéressée, à l'égoïsme qui infecte la piété elle-même.

Elle nous apparaît comme une personne d'un

autre âge, par sa conception austère et si profondément sérieuse de la religion. « Ce n'est pas pour rire que je t'ai aimée », disait Notre-Seigneur à sainte Angèle de Foligno. Ce ne fut pas non plus pour rire que Mère Marie de la Croix aima le divin Maître ni qu'elle se donna à lui. Elle déduisit rigoureusement, dans la pratique, les conséquences du don qu'elle avait fait. Quand sonna l'heure du sacrifice — et l'on a vu que ce fut souvent, — elle sut que c'était l'heure où se révèle le véritable amour. « C'est pour cette heure qu'elle était venue. » Et elle ne se déroba jamais. Sa puissante raison et son robuste bon sens ne lui permirent point de s'égarer dans les illusions et les sophismes de la personnalité.

Modèle accompli de piété vraie, lumineuse, simple, solide, complète et pratique, elle aima bien, comme le demandait saint Jean, « non de paroles ni de langage, mais par les œuvres et en vérité » (1).

____

(1) *I Joan.*, III, 18.

TABLE DES MATIÈRES

1165-22. — Imp. Paul Feron-Vrau, 3 et 5, rue Bayard, Paris-VIIIe.

BIOGRAPHIES

La Fondatrice des Petites-Sœurs de l'Assomption, par la comtesse DE COURSON. Préface de M. René
Bazin, 144 pages. Prix, broché, **2 francs**; port, **0 fr. 30.**

Une Petite-Sœur : *Sœur Marie-Lucie*, par M⁰ʳ LAN-
DRIEUX, évêque de Dijon. *Ouvrage couronné par l'Académie
française.* — In-16, 270 pages, avec deux gravures. Prix,
4 francs; port, **0 fr. 45.**

Une page d'apostolat : *Sœur Marie-Marthe-Thérèse,
Petite-Sœur de l'Assomption*, par M⁰ʳ DE LLOBET, évêque
de Gap. — In-16, 350 pages. Prix, **5 francs**; port, **0 fr. 60.**

Vie et vertus de Marie-Eustelle Harpain, dite
l'Ange de l'Eucharistie, par le chanoine L. POIVERT. —
In-8°, 262 pages, 4 gravures. Prix, **5 fr. 50**; port, **0 fr. 75.**

Michelle Collin (1812-1894). *Une chrétienne de nos
jours*, par le chanoine E. DESSFAUX. — In-8° à 2 col.,
136 pages, 23 illustrations. Broché, **3 francs**; port, **0 fr. 45.**

Un disciple de saint Vincent de Paul au
XIXᵉ siècle, Adolphe Baudon (1819-1888), par l'abbé
J. SCHALL. *Ouvrage couronné par l'Académie française.*
— In-8°, 740 pages, orné d'un portrait en héliogravure.
Broché, **6 francs**; port, **1 fr. 05.**

Un Chevalier apôtre, Godefroy Chicard (1834-1887),
par le P. J.-E. DROCHON, A. A. — Deux vol. in-12, 240 et
350 pages, 32ᵉ mille. Les deux volumes brochés, **4 francs**;
port, **0 fr. 60.**

Les Deux Frères. *Cinquante années de l'action catholique dans le Nord : Philibert Vrau (1829-1905), Camille
Feron-Vrau (1831-1908)*, par M⁰ʳ BAUNARD. — In-8°,
616 pages. Broché, **6 francs**; port, **1 fr. 05.**

Vie de l'abbé Marceille (1836-1910). *Vingt-cinq ans
en Tunisie; apostolat auprès des enfants, des pauvres et
des soldats*, par le chanoine VALENTIN. — In-12, 344 pages,
avec portrait. Broché, **2 francs**; port, **0 fr. 30.**